MAMÁ DE 3
Lo que pasa mientras están bajo nuestras alas

Adriana García Infante

Literálika®
EDITORIAL

Edición: noviembre, 2020

ISBN: 9798573567730
Fotografía: Ricardo Baca P
Edición de Fotografía: Adriana García
Diseño editorial: Literálika

A Diego, Leonardo y Sebastián,
desde que llegaron a mi vida el sol brilla más...

A mi papá, que me inspiró a realizar mi sueño de escribir.

A Ricardo, my home it's next to you... always.

A Dios, contigo siempre, sin ti nunca.

ÍNDICE

¿Cómo y para quién escribí este libro?

Primero contestaré el cómo lo escribí. Ok, ahí va la pura verdad: escribí la mayor parte mientras estaba en el baño, sí, en el bendito baño. Confieso que, aunque amo inmensamente a mis hijos, ese lugar fue mi refugio en muchos momentos en los que solo ahí encontraba la calma necesaria para que mis ideas fluyeran. Tú que eres mamá sabes a lo que me refiero cuando digo bendito baño. Me recuerdo muy bien, sentada en el suelo sobre aquel tapete rosa y esponjoso con mi computadora sobre mis piernas y recargada en la puerta, tratando de bloquear los miles y miles de pendientes que se paseaban en mi cabeza y que intentaban sabotear la inspiración que yo deseaba convertir en palabras. Lo escribí mientras le daba pecho a Sebastián, con la cocina rebosando de platos sucios y la lavadora gritándome que ya había terminado su ciclo, que debía sacar la ropa y cambiarla a la secadora. Lo redacté en pijama y con un peinado mal hecho en la cabeza, con la cara sin una gota de maquillaje y con la intención de alargar esos pocos minutos que tenía disponibles para expresar lo que mi corazón guarda y almacena todos los días de mi vida. Lo corregí y modifiqué mientras incómoda esperaba en las gradas o butacas de alguna escuela, junto a muchos otros papás y mamás que, como yo, esperaban pacientemente poder ver a sus hijos competir en algún deporte.

Gran parte de este libro fue escrito, además, con Sebastián mi bebé colgado de mi cuello e intentando escalar hasta la coronilla de mi cabeza sin éxito alguno, mientras inevitablemente me dejaba sin unos cuantos cabellos durante el proceso. Sí, estoy segura de que terminé la última página de este libro con una cabellera mucho menos abundante que cuando lo inicié.

Lo edité y reescribí en la madrugada, con Leonardo de ocho años acurrucado a mi lado, esperando a que me fuera con él a dormir a su cama o simplemente intentando permanecer cerquita de mí conforme el sueño lo vencía en algún sillón de la casa, mientras que yo me perdía en esos minutos que, a veces, se convertían en horas en el indescriptible y hermoso mundo de la escritura. Lo reflexioné por las noches en mi cama escuchando a mi esposo roncar y con los pies (o las pompis) de Sebastián mi bebé en mi rostro, acomodada en una posición no muy cómoda cuidando que mi retoño no se despertara pará así no arruinar mi *imagination momentum* y tener que dejar para después (como es costumbre) ese deseo de decir con tinta y papel lo que muchas veces quiero gritar. Ahí, en ese pedacito de la casa en la que descanso por las noches y regularmente escucho como la secadora terminaba su última tanda de ropa, pensé, ilustré e imaginé este libro en mi mente.

¿Para quién lo escribí?

Al principio, lo escribí para mí. Primero, como parte de una terapia recomendada por mi psicóloga después de diagnosticarme con depresión. Después, poco a poco, me fui dando cuenta de que yo no era la única que sentía todo lo que aquí comparto. Descubrí que más de una (para ser exacta más de doce mil personas que me acompañan en mi blog) se identificaban de alguna manera conmigo. Así que este libro que tienes en tus manos es también para ti.

De repente ya no me sentía tan sola en este océano de remordimientos y culpas, de ansiedades y tristezas, de logros y fracasos y de tantas y tantas pruebas que la maternidad nos pone en el camino. Un día, me sentí con ganas de poder decir más, contar más, expresarme más, pero, sobre todo, con ganas de compartir más de lo que es vivir el día a día dejando un poco de lado tu bienestar, tus pasiones, tu carrera, tu familia y, en resumen, tu vida como individuo independiente y solitario. Porque no podemos negar que convertirnos en madres transforma nuestro significado del amor incondicional.

Mi familia la conformamos Ricardo mi esposo y yo, somos padres de Diego de doce años, Leonardo de ocho y Sebastián de dos. La Lula es nuestra mascota. Lula tiene unos nueve años más o menos (no sabemos su edad con exactitud porque la adoptamos ya grande y nadie nos supo decir cuántos años tenía). Es un perro, sin embargo, para nosotros es un miembro más de nuestra familia.

Resulta que un invierno me desperté en otra ciudad, en otro país, con otro clima, horario e idioma. De repente todo cambió, bueno no, no fue de repente, el proceso del cambio nos llevó casi seis meses. Ricardo recibió la oferta de trabajo en julio y para diciembre ya estábamos volando los niños y yo rumbo a Michigan. Todos esos meses hicimos los arreglos necesarios, pero cuando de verdad me cayó el veinte fue como si todo hubiera pasado de un día para otro.

Durante esos meses fui un manojo de emociones encontradas. Mi corazón y mi cerebro simplemente no lograban ponerse de acuerdo, y yo en medio de los dos, intentaba para lograr tranquilidad en mis hijos, reflejar (sin mucho éxito) que todo estaba bien. Llegamos a Michigan en diciembre del 2016. Ricardo nos esperaba en el aeropuerto porque él había llegado dos meses antes. Era una fría tarde de invierno cuando Diego, Leonardo y yo, cargados con ocho maletas, aterrizamos en nuestro nuevo país. Nosotros llegamos, pero nuestros muebles no, esos nunca llegaron. Más adelante te contaré lo que sucedió con ellos. Por su parte, la Lula tuvo que quedarse con mi mamá un tiempo, en lo que nos instalábamos por completo en el que sería nuestro nuevo departamento. Sebastián todavía se paseaba por el cielo. Su hermosa presencia apareció en nuestra vida un poco después.

Nuestro cambio de lugar de residencia me había mantenido ocupada, sin embargo, llevábamos varios meses buscando un tercer bebé y cuando estaba por cumplir los treinta y siete años le dije a mi esposo; amor, yo creo que Dios ya no nos prestará otro chaparrito, ya me estoy haciendo vieja y ando muy achacosa, todo es nuevo para los niños y otro bebé sería un cambio muy difícil, él solo me dijo, ok, se apachurró un poco y empecé a hacer mi rutina y mi vida como si mi familia nunca fuera a crecer.

Una mañana me desperté recordando haber soñado que estaba embarazada. Ese día, cinco antes de cumplir treinta y siete años, le pedí a Ricardo, que por favor comprara una prueba de embarazo. Era sábado a las ocho de la mañana, y sin muchas ganas me dijo:

—¿Ya? ¡¿En este momento?!

—¡Sí, porfa! —le respondí.

Se levantó y lentamente se vistió mientras yo sentía como si mi vejiga hablara y me estuviera diciendo palabras que serían prohibidas para los oídos de mis hijos. Al fin regresó, y yo, con prueba en mano, corrí al baño. Esperé menos de un minuto, y al igual que en las dos ocasiones anteriores cuando nos convertimos en padres, Ricardo esperaba detrás de la puerta.

—¿Qué pasó amor? Sí, ¿verdad?

Antes de ver cómo se pintaba la segunda rayita le contesté:

—Sí —y es que ya lo sabía. Lo intuía y lo confirmé unos segundos después. ¿Estaba feliz?

En realidad, tenía sentimientos encontrados, me había hecho a la idea de que no vendría uno más y al mismo tiempo me emocionaba saber que un pedacito de vida ya venía en camino. Sebastián resultó ser la cereza del pastel, se convirtió en eso que nos faltaba y que ahora nos consolidaba como una familia numerosa, en esta época en la que todo está hecho para cuatro y uno más es multitud. Sebastián llenó el hueco que tenía en mi corazón y no lo sabía, llegó a enseñarnos y a retarnos. Llegó para acompañar y confirmarnos que el amor es lo único que crece cuando se reparte.

Mis hijos añoraban con todo su corazón un hermano, Leonardo, que en esa época tenía cinco años soñaba que en cuanto llegara el bebé estaría listo para sentarse a jugar videojuegos con él, cosa que todavía no pasa, aunque Sebastián ya tiene casi dos años. Diego soñaba con una hermana a la cual poder proteger, lo que tampoco sucedió porque salió niño no niña para gran tristeza de él. Lloró tanto cuando supo que venía él y no ella que tardó varios meses en asimilarlo. Ahora que los veo juntos y saboreo la hermosa manera en la que Diego disfruta de Sebastián estoy segura de que no recuerda ni por un instante la frustración que sintió cuando le compartimos el sexo de su nuevo hermano.

Con eventos como estos, Ricardo y yo, hemos ido formando una familia. Por mi parte, como una necesidad personal, me di a la tarea de escribir todos y cada uno de los acontecimientos. Siempre me ha gustado escribir, pero entre 2017 y 2020, la escritura se convirtió en parte importante de mi rutina. Escribo para aclarar mis pensamientos y mis emociones, escribo en los días tristes, pero también durante los días felices. Todos y cada uno de los escritos y relatos que aquí comparto los he plasmado en diferentes etapas de mi vida. Algunos sucedieron cuando solo habían nacido Diego y Leo (como le decimos a Leonardo de cariño) y otros cuando ya había llegado a nuestras vidas, Sebastián.

En estas páginas, hay eventos previos a nuestra tercera mudanza y muchos otros, en los que refiero momentos que han sido parteaguas en mi vida, algunos tan dolorosos como la muerte de mi padre.

Este libro es el resumen —de un pedacito— de mi vida como mamá acompañada de tres varones; es la compilación de lo que construye nuestra historia como familia, son mis logros y mis fracasos que me convierten en lo que ahora soy, es la vida de mi familia resumida en momentos que me han cortado la respiración y me han hecho reflexionar sobre el por qué y para qué vivo y es la prueba exacta de que en la maternidad no hay fórmulas ni manuales.

Deseo que cada parte de este libro enriquezca por lo menos un poco o con suerte mucho, a esta aventura llamada maternidad, que tú y yo compartimos, y llena de emoción de sabernos cómplices en esto, espero de corazón, que mis experiencias inspiren o aporten algo positivo a tu propio camino de ser mamá. Y como dicen por ahí: El equipaje no pesa, y el camino no cansa cuando lo que se carga es el amor.

Adriana

Primera parte

Vida de mamá

Nada sucede al azar, si te fijas bien cada encuentro,
cada risa y cada lugar se ha sabido enlazar.
Autor Desconocido

Aquí transmito lo inesperado, lo insospechado, lo que mi mente jamás pudo imaginar en mis años tiernos. Es la remembranza de lo que me esperaba en la vida y para lo que nunca me preparé y el constante prueba y error que aplico diariamente con mis hijos.

Los relatos que habitan estas páginas son la clara demostración de que nuestros hijos llegan al mundo sin un manual. ¿Sería mejor que trajeran un instructivo y no la tan añorada torta bajo el brazo? En lo personal, preferiría algo que me explicara cómo tratar a ese pedacito de mí que depende al cien por ciento de su mamá, a mil tortas juntas.

Decidí nombrar esta parte del libro "Vida de mamá" porque son los momentos que me definen como lo que ahora desempeño veinticuatro horas al día, los siete días de la semana. Sin sueldo, ni bonos, ni descansos sino todo lo contrario. Pero con la esperanza de que mi pago se verá reflejado ni más ni menos que en seres humanos que aporten algo positivo a la sociedad.

Así de trascendental es mi labor y la tuya también. En nuestras manos está la vida del futuro Médico, Maestro de escuela, Ingeniero, etc. Y lo más importante: estamos desarrollando padres de familia que educarán y cuidarán de otros seres humanos.

Así que si le pusiéramos precio o sueldo a esta labor estoy segura de que ni todo el oro del mundo lograría cubrir el monto de todos los gastos físicos y emocionales que conllevan ser mamá.

Lo que venía en "letras pequeñitas" cuando me convertí en mamá

Pero ¿en qué diablos estaba pensando?

De seguro pensaba en esas fotos de revista en donde la madre está hermosa con su cabellera impecable y completa. Su ropa en estado perfecto haciendo juego con su cuerpo atlético y carente total de celulitis, estrías, granos, arrugas, manchas, bigotes y cejas sin depilar. Cargando a un precioso bebé regordete. Obviamente, sin mocos ni pañales con popó, ni reflujo.

En mi inocente imaginación el retoño la mira a los ojos con una sonrisa de paz y tranquilidad que existiría solo en los sueños guajiros de cualquier mujer que no ha sido madre aún.

Esa pensaba que sería yo antes de mis tres.

En el pasado tenía todos mis cabellos, carecía de estrías, ¿las arrugas? ¿Quiénes eran esas? Bueno, sí sabía. Eran esas rayas espantosas en la cara que solo las mujeres muy pero muy viejitas tienen. Ajá. A mis 26 años una mujer de 35 era una mujer vieja y a mí, me faltaban todavía muchos años para tener esa edad. Me casé con la idea de formar una familia. No quise esperar mucho para pedirle a Dios que me enviara a mi primer pollo —como les digo de cariño— y antes de cumplir los dos años de casados ya esperaba a Diego, sin embargo, algo no estaba funcionando. Algo no me cuadraba. De repente, la imagen en mi cabeza se distorsionó tanto que se convirtió en mi reflejo en el espejo.

Me sentía como la bruja de Blanca Nieves, sin duda, sabes a quien me refiero. Esa que de ser una mujer hermosa cuando regala la manzana se convierte en una bruja horrible narizona con granos en la cara, ojeras, pelona. Y eso es todo lo que queda de nuestro hermoso cuerpo después de nuestro primer hijo. Así era yo, o al menos así me sentía, como la bruja del cuento.

Si me invitaban a una boda y veía a la novia preciosa en su vestido, invariablemente en mi mente la trasformaba y terminaba siempre como la bruja. Decía en silencio, ¡qué hermosa y radiante se ve! Lástima, ¿qué tan caídas le irán a quedar sus bubis? ¿Será que terminarán como dos plátanos machos o como dos calcetines con canicas? (Como a mí).

En algún momento de la historia me había convertido en mamá.

Mi mejor amiga viajó para conocer a Diego y dice que nunca ha podido borrar de su mente la imagen que sus ojos vieron cuando entró a mi recámara. Eso la impactó tanto que todavía, once años después, la sigue recordando.

Estaba yo sentada en la cama, llorando. Despeinada y con mi pijama medio abotonada. Adolorida por la episiotomía que me habían hecho. Peluda de piernas y axilas, desvelada y con la panza del mismo tamaño que un mes atrás (sí, así). Ahí estábamos mi bebé, Ricardo y yo mientras el pobre Diego lloraba de hambre y yo me peleaba con mi esposo porque no sabía cómo usar el sacaleches correctamente. El paisaje no era muy alentador: mientras yo sostenía a Diego, él intentaba ayudarme a "ordeñarme", pero era imposible, estaba tan adolorida y nerviosa escuchando a mi bebé llorar que, aunque era pleno invierno yo sudaba como si estuviera dentro de un sauna.

Cuando mi amiga entró me dijo:

—¡¿Pero?! ¡¿Qué te pasó?! ¡Ni te voy a preguntar cómo estás! Ya sé cómo, no necesitas hablar".

Estaba viviendo la otra cara de la historia.

¿Tú crees que me pasó por la mente esta escena en mi cabeza cuando vi las dos rayitas en la prueba de embarazo? ¡NO!

¡Y a mi esposo, menos! Esos primeros meses se convierten en el "hoyo negro" del que creemos que jamás vamos a poder salir.

Mi experiencia fue muy diferente con mi primer hijo que con el tercero. Todo es tan nuevo y difícil. A las que por decisión propia eligen tener solo uno, quiero decirles que tener dos o tres o los que decidas, hará que con cada uno disfrutes un poco más la maternidad. Al menos eso me pasó a mí. Para empezar, con el primero solo sentí una mezcla de sentimientos encontrados. En ese revoltijo de emociones había mucho pero mucho miedo, y un poquito de amor. Sí, no me da pena reconocer que el amor como tal apareció con los días. Mi instinto natural me hizo alimentarlo y cuidarlo, pero el amor (que llegó después) me ayudó a disfrutar el milagro de la maternidad.

Cuando Leonardo (mi segundo) llegó a mi vida ya no me era tan desconocido todo. El amor frotó en el mismo instante en el que me lo entregaron. Había miedo, pero muy poco la verdad. El dichoso saca leche difícil de usar con el primero, era pan comido para Ricardo con el segundo. De ser un suplicio se convirtió en un rato agradable en el que mientras él me ayudaba a "ordeñarme" platicábamos de cosas cotidianas o planes que teníamos. Un día, Ricardo se me quedó viendo mientras veíamos cuanta leche había juntado y me dijo:

—Amor, ¿dónde quedó nuestro glamour? —los dos nos quedamos mirando hacia la pared. Ya sabes, como esas veces en las que miras al horizonte tratando de recordar en qué momento de la vida algo se ha extraviado disolviéndose en el aire… no alcancé siquiera a divisarlo.

Nos vimos a los ojos, de nuevo sin hablar, al tiempo que volteábamos para ver a Leonardo, y sonreímos. Ahí dentro de esa bolita de amor estaba nuestro glamour. Quizá en algún lugar entre sus lonjas y sus dedos rechonchos se había extraviado o, tal vez, se encontraba en el delicioso aroma que desprendía por cada poro de su hermosa y suave piel.

Mi vida como mamá de tres ha tenido de todo como en todo. No existe un punto medio porque en esto de la maternidad no existen los términos medios: o te sientes bien, SÚPER bien o te sientes mal, PÉSIMAMENTE mal. La que diga… pues yo soy una mamá más o menos, quizá piensa que no es buena mamá y la que diga que sus hijos son perfectos sabe, en su interior, que no lo son. Y así podríamos continuar, siempre debatiéndonos a nosotras mismas si lo que hacemos o dejamos de hacer es lo correcto.

Todo estaba desordenado, el pelo, la cama, mi mente, mi vida y mi corazón

Estaba completamente carente de la hermosa y muy necesaria serotonina.

En la película de Harry Potter hay unos personajes que te chupan el alma, la vida, la felicidad, ¡todo! Los muy temidos *Dementores*. Bueno, pues pareciera que uno de ellos había llegado a mi vida e instalado muy cómodo porque exactamente así me sentía: sin alma, sin vida, sin alegría. Es más, parecía que le faltaba color al mundo. De alguna manera mis ojos veían todo gris. Recuerdo que por las noches siempre lloraba antes de dormir. Muchas, muchísimas noches dormí con mi rosario entrelazado entre mis dedos con la esperanza de que orando me sentiría mejor, pero no fue así. No era que Dios no me escuchara, simplemente no estaba bien y me negaba a reconocerlo.

Todo comenzó con el cambio de casa, de país, de amigos, de idioma, de clima, es decir todos los cambios que implican la vida en un nuevo lugar. La que diga que es fácil mudarse miente, lo digo y lo repito, emigrar es de valientes. Al principio no todo es tan malo. Pero con los días te vas dando cuenta de que tienes frente a ti un reto enorme. Sobre todo, porque no viajamos solas, nuestros hijos también son parte del paquete. Ellos nos observan todos los días y para mí es importante que me vean feliz porque deseo transmitirles seguridad.

Aun así, por las mañanas me quedaba viendo a la ventana preguntándome: ¿qué hacemos aquí?, ¿por qué estamos aquí? ¿Valió la pena haber arrancado a mis hijos de su zona de confort, de su vida ya hecha, de su escuela, de sus amigos, de su país?

Me hacía esas y mil preguntas más mientras veía cómo centímetro a centímetro se iba juntando la nieve que caía del cielo gris hasta cubrir por completo el jardín. Por las mañanas ya sola en mi casa me preparaba una taza de café y me sentaba a llorar. Sí, eso hacía. Llorar se volvió mi actividad preferida. Cuando me metía a bañar me era más fácil llorar porque mis hijos y mi esposo no lo notaban —aunque salía con los ojos como de rana— solo me limitaba a decir que me había entrado jabón a los ojos o incluso, había veces que ya ni siquiera me preguntaban.

Te preguntarás si me gusta llorar. Claro que no. Bueno, sí. No sé, la verdad. Pero ahora que lo pienso esa era la manera en la que mi corazón hablaba. El pobre no tenía otra forma de expresar ese dolor con el que vivía y la única opción que tenía era sacándolo en forma de lágrimas.

Un día, mi esposo me dijo (con el afán de ayudarme) "en lugar de sufrir deberías de estar muy agradecida por todo lo que tienes". Y tenía razón: la salud de mis hijos, el trabajo, el techo, y la comida, eran cosas que cualquier ser humano sin depresión debería de saber valorar. Pero con esto, lo único que logró es hacerme sentir peor. Para que me entiendas, imagina que estás en un hoyo y pides ayuda, cuando alguien llega te dice: ¡¿cómo es posible que no puedas salir de ahí?! Debes de ser muy débil para no lograr escapar de ese hoyo. Y se va.

Así me sentía, débil y malagradecida con la vida. No me ayudaba en nada ninguna palabra de aliento. Solo quería dormir o llorar. Pasaron los meses y me enteré de que estaba embarazada. Mi estado de ánimo no solamente empeoró, ahora además estaba afectando a un ser pequeñito que crecía dentro de mí y que no tenía la culpa de nada. Fue entonces cuando le dije a mi esposo: necesito ayuda y urgentemente.

Mi doctora me escuchó y por primera vez sentí que alguien me entendía. Me contactó con un terapeuta y me dijo que necesitaba medicarme. Esto último no lo hice porque creí que la medicina podría afectar a mi bebé, pero puse todo de mi parte para poder salir adelante y enfrentar la depresión que padecía desde hacía algunos meses, pero que me negaba a reconocer.

Pasó el tiempo y poco a poco empecé a sentirme mejor, pero solo un poco, lo reconozco. Recuerdo que en esos meses llevamos a los niños de vacaciones a varios lugares maravillosos y en general pasamos un verano muy divertido. Al menos eso creo por las fotos porque para mí fue un recuerdo vago que solo viví en sueños. Fue como si lo hubiera visto en una película y no como si lo hubiera vivido en carne propia. Los niños estuvieron felices y mi esposo creyó que todo estaba mucho mejor.

En mis últimos meses de embarazo me diagnosticaron con preeclampsia, diabetes gestacional y estuve en el hospital un par de veces por amenaza de aborto. Con todo eso era como si le agregaran sal y pimienta a mi caldo de emociones ya complicado. Hasta que se llegó el momento en que Sebastián se unió a nuestras vidas. Me lo entregaron después de un parto sin anestesia y con los sentimientos a flor de piel.

Mi doctora me ordenó sin excusas por mi bien y por el bien de Sebastián medicamento para la depresión. Ella sabía que me había rehusado a tomar algo durante el embarazo, sin embargo, era indispensable que ahora sí lo hiciera.

La depresión postparto no llegó, porque de alguna manera la tuve antes del parto. Mi caso fue al revés. No sé porqué, tal vez fue una situación diferente en la que se mezcló el cambio de vida con las hormonas, el clima carente de sol, el miedo a lo desconocido y la soledad que es inevitable cuando emigras a otro lugar.

No fue fácil reconocer que estaba mal. No fue fácil ni para mí ni para mis hijos, que creyeron que uno de los síntomas del embarazo era el llanto. Me vieron tantas veces triste que han de haber pensado: que feo es cuando una mamá se embaraza, todo el día tiene que llorar...

Poco a poco comencé a ver la luz. De nuevo todo conspiró para que mi estado de ánimo y mi corazón empezaran a sanar: el clima, el hermoso y pachoncito Sebastián, el invaluable apoyo de mi esposo, las llamadas de mi hermana que eran como salvavidas en un enorme océano de dolor, el brillante y guapo sol que iluminaba de nuevo y los amigos que hoy son familia. Todo lo anterior fue clave para volver a sentir aire en mis pulmones.

Hoy no me da pena ni me siento juzgada cuando reconozco que estaba en una terrible depresión. Hoy, con la ayuda del medicamento que niveló la serotonina que le hacía falta a mi cerebro, las terapias y poniendo todo lo que estaba a mi alcance para sentirme mejor, puedo disfrutar de la vida como se debe. Aunque como siempre y como en todo, hay días malos, otros buenos y otros más o menos. Sin embargo, no me quejo, los días malos me hacen valorar más aquellos en los que el sol brilla en todo su esplendor y me ayudan a reconocer que está bien sentirse triste. Es normal pedir ayuda cuando sientes que el mundo te aplasta. Ahora sé que no necesitamos refugiarnos en la regadera a llorar para evitar que nuestra familia escuche lamentos, está bien no sentirse feliz de vez en cuando, aunque parezca que lo tenemos todo.

No tiene nada de malo descubrir que no te estás adaptando como creíste que lo harías. No es ningún pecado que tus hijos te vean débil y asustada. Y, sobre todo, nunca pero nunca dudes que a cualquier persona le puede pasar, incluso a alguien como tú.

La primera vez que me llamaron ASÍ

Recuerdo muy bien ese día, esa tarde, ¡ese año! Y como olvidarlo si todavía me pregunto, ¡¿Cómo lo supo?! ¡¿Ya se me notaría?!

Estaba en la fila del súper y cuando me tocó pagar, el niño que empacó las compras me dice:

—¿Le ayudo con sus bolsas señora? —hubo un silencio prolongado, el cerillito (así le decimos en mi tierra) se me quedó viendo como preguntándome ¡¿me va a contestar o no?! Y yo, esperando que me dijera, ¡perdón! ¡señorita!

Lo último nunca pasó. La cajera supo lo que acababa de suceder y vio en mi cara el reflejo de la indignación y cruda realidad de mi vida, (de seguro a ella ya le había pasado) porque se me quedó viendo como diciendo: "sí, tarde o temprano iba a pasar" al fin reaccioné y le dije, "sí mijo". ¡¿Mijo?! Pensé, ¡¿por qué le dijiste mijo Adriana?! ¡¡¡Ahora sí no tendrá duda de que eres una señora!!!

Tengo que aclarar que en mis compras no había, ni pañales, ni cosas de bebés, ni nada que descubriera mi identidad real. Ese día no llevaba mis anillos de matrimonio y según yo iba vestida muy jovial, ¡por esa razón me sorprendió tanto que me dijera señora! No puedo mentir, me subí a mi carro y una buena parte de mi trayecto a mi casa me fui pensando, ¿qué fue? ¿Qué dije? ¡¿Cómo supo?! La que me diga, a mí no me importó. ¡Miente! A todas nos importa, o al menos no olvidamos esa primera vez.

Cuando llegué a mi casa y bajaba las bolsas una pequeña voz en mi cabeza me dijo: ¡¡es que el niño estaba súper chiquito!! Para él, ¡todas son señoras! y así fue como esa parte "indignada" de mi persona pensó. ¡Ajá! Eso fue. Y ya. Me quedé muy tranquila ese día.

Pero pasó el tiempo y cada vez me era más imposible buscar o más bien inventarme excusas del porqué me llamaban así. A veces, los niños ya no estaban tan chiquitos, a veces, eran señoras (verdaderas) las que se referían a mí de esa manera y yo pensando:

¡Dios! ¡¡Hasta ella me llamó señora!! ¡¿Cómo me veré?! Cuando traía a mis hijos no me causaba ningún conflicto, era como sentir que traía *justificación* junto a mí, así que no buscaba el *por qué*. Simplemente pensaba: ¡claro! Si me ven con hijos ¿de qué otra forma me pueden llamar? Aunque esa misma voz me corregía diciéndome: No, no es por eso. Es porque ya se te nota y punto. Acéptalo.

Ya pasaron años desde aquella vez, ahora ya me acostumbré. Y, ¡ni cómo negarlo! No necesito traer a mis hijos. Mis arrugas prematuras (eso digo yo) me delatan. Mi vestimenta que está muy lejos de ser a la moda. Mis uñas pintadas de colores conservadores. Mis zapatos flat y mi maquillaje casi nulo hacen que sea inevitable llamarme así.

Me gustaría poder culpar a mis hijos y decir que gracias a ellos no he vuelto a traer uñas largas y postizas (no vaya a ser que cuando les cambie el pañal los rasguñe). Tampoco he vuelto a usar tacones del nueve, sería imposible sostenerme en pie con ocho kilos extra. Ya no salgo a diario de casa peinada como de salón, luciendo mi abundante cabellera que con tanto esmero cuidaba hasta que mi primer hijo nació. Ahora, me conformo con tener cabello. ¡No importa si es hermoso, o no! Con que no pierda el que ya tengo es suficiente. El hecho de que ya no use todo lo anteriormente mencionado hace que cualquier cerillito tenga razones de sobra para decirme:

—Señora, ¿le llevo sus bolsas al carro?

Ahora muy tranquila y serena, aceptando mi realidad, le contesto:

—Sí, mijo.

¡Y que vivan los treintas! (y los cuarentas también porque ya casi llego).

Jamás pensé que dolería tanto. Finalizando la lactancia

Lo comenzamos a platicar, involucré a mi esposo como si él también fuera parte de esa inexplicable e incomparable conexión entre mi bebé y yo. Él, en su afán de ayudar me dijo: ya no le des más pecho. Ya no lo necesita y solo te usa de chupón. Además, estás muy cansada siempre y en las noches es cuando más te pide. Yo lo escuchaba y confirmaba lo que él me decía. Pero mi corazón simplemente lloraba en silencio porque sabía que dolería. Y él, mi pobre corazón, como es incapaz de hablar solo le quedaba sentir.

Muchas veces conversé con mi hijo en el silencio de mis pensamientos, quería compartirle la manera en la que me sentía. Ser madre es un proceso que nos pasea en una montaña rusa, quizá en mis palabras encuentres algunos de los sentimientos que en lo personal tú también has experimentado. Creo que plasmarlos en estas páginas me ha servido además de la posibilidad de compartir mi experiencia contigo y con muchas otras mamás que vivimos lo mismo, también me ha sido útil para reflexionar y disfrutar un poco más cada instante de los momentos que pasan tan veloces como el agua de un río que corre.

Sebastián: fui tu fuente de alimento por seis meses, tus músculos y cuerpo se tornearon con mi leche y poco a poco aparecieron esas lonjas que me hacían sentir tan orgullosa. Eras pura gordura de amor. Tus pies y dedos se hicieron redonditos y rechonchos con el alimento más puro y nutritivo que Dios y la naturaleza pudieron haber creado. Tu semblante era de seguridad. Sí, de esa seguridad que solo un bebé que sabe que será alimentado cuando le dé la gana puede tener y que sin necesidad de llorar por comida su hambre sea saciada. Me sentí poderosa de ver como te ibas convirtiendo de un frágil bebé prematuro a un bebé sano, fuerte y feliz. Me adjudiqué todo tu desarrollo físico y buena parte de lo emocional porque solo yo te proporcioné lo que te hizo vivir. Me colgué la medalla de honor a la persona más perseverante de este mundo (así me sentí) porque pese a que todo estaba en nuestra contra lo logramos mi cielo. Logramos establecer una lactancia a libre demanda, logramos que tu pequeña boquita por fin se amoldara a mí, y que aún, siendo tú el tercero y último en llegar me diera el tiempo necesario para poder acurrucarte entre mis brazos y sin prisas alimentarte por largos días y largas noches.

Aprendimos a comunicarnos sin hablar. No era necesario que tuvieras tus ojitos abiertos para poder sentirme junto a ti, era suficiente mi respiración y mi piel cerca de ti para que me sintieras ahí lista para ti, sin límite de tiempo, igual que un buffet que está esperando solo que lleguemos a él y disfrutemos ampliamente del banquete. No tuviste horario. Jamás te limité, aprendí a despojarme del pudor que tantos años cargué y que ahora francamente ya ni extraño.

Antes de tu llegada me preparé con todo lo necesario para "cubrir" ese momento en que estuvieras alimentándote, si me preguntan en dónde está esa bendita manta les contestaría que no tengo ¡ni idea! Me armé de valor y pensé que ¡a nadie le gustaría comer con una sábana en la cabeza! Así que si a la gente le molesta que alimente a mi hijo pues que no me vea. Y para mi sorpresa, nadie me veía. Me empecé a fijar si algunos les parecía "incómodo" o si había uno que otro "mirón" pero la verdad ni quién me hiciera en el mundo —como se dice coloquialmente—, ya sea porque la naturaleza no me dotó de atributos frondosos— o porque simple y sencillamente NO LES IMPORTA. ¡Yo creo que fue la segunda! Así que el dichoso trapo quién sabe dónde quedó...

Todas sabemos los beneficios de dar pecho, pero por mi parte yo tengo que agregar que me fue de gran comodidad no lavar ni preparar una tetera durante un año. Además de que ambos pasamos por una terrible infección de estómago en donde estoy segura de que mi leche fue lo que te salvó de una inevitable deshidratación. Recuerdo muy bien esos días y noches en donde sentía náuseas y más náuseas y casi te aventaba a la cama para correr al baño a vomitar. Mi cabeza me reventaba. Pero ver que yo era tu única fuente de alimento me dio fortaleza y me ayudó a recuperarme mucho más rápido de lo que mi cuerpo pensó.

Pasamos muchas cosas los tres: tú, mis bubis y yo. Sentía celos de ellas porque de alguna manera pensaba que podrían estar ellas a tu disposición, sin que yo estuviera presente y para ti sería perfecto. Incluso llegué a preguntarme: ¿mi hijo me seguirá queriendo igual cuando deje de amamantarlo?

Acabamos de pasar el año de lactancia y empiezo a sentirme más juzgada. Más culpable. Más anormal, la gente ya empieza a voltear. Opinan y yo atenta escucho. Sé que no lo hacen con mala intención, sin embargo, logran que una parte de mí sienta que estoy haciendo algo indebido, pero estoy convencida de que lo normal, incluso lo mejor, es la lactancia hasta los dos años. No lo digo yo, lo dicen los miles y miles de estudios que lo comprueban. Incluso yo misma me pregunto, ¿quién en su sano juicio teniendo la oportunidad de nutrir a su hijo con lo mejor elegiría no hacerlo?

A las que decidieron (y pudieron) lactar y saben lo difícil y doloroso que es establecerla al inicio, coincidirán conmigo si digo que alargar un poquito más la lactancia te hace sentir que todo esfuerzo valió la pena.

En la intimidad de mi hogar, acurrucada en mi cama con Sebastián perfectamente amoldado a mi cuerpo, ambos sin pronunciar una sola palabra, sin la necesidad siquiera de abrir los ojos sabemos que ese momento es nuestro. Solo nuestro.

En la inmensidad del universo en el que habitan millones de personas, en esos instantes solo somos él y yo. Desaparecen las dudas, las culpas y las vergüenzas. Todo se resume a esos increíbles minutos que, aunque yo sé que existe vida y mundo más allá de nosotros dos, al menos en esos instantes yo soy para él SU vida y SU mundo. ¿Qué más podría pedirle al universo que este indescriptible sentimiento de saberme esencial en la vida de alguien más? Y, sobre todo, si ese alguien es tu hijo.

¡Y que vivan las bubis de todas las mamás!

$0,00 Mi Sueldo actual

Tenía dieciséis años cuando les dije a mis papás que quería trabajar. Tuvieron que firmar un papel en donde ellos lo autorizaban por ser menor de edad. Mi primer trabajo fue en una pizzería. Estudiaba por las mañanas y trabajaba por las tardes, nunca tenía fines de semana libres, pero gozaba de "independencia financiera" tenía para mis antojos y para mis salidas, así que me sentía libre y poderosa con mis setecientos ochenta pesos por quincena.

Terminé la preparatoria y me decidí por una carrera que no la ofrecía ninguna universidad pública, mis papás no podían apoyarme con ese gasto y pude haberme decidido por otra carrera, pero como diseño gráfico era lo que siempre quise estudiar, me metí a trabajar para poder pagar mis estudios. Lo hice con más miedo que valor, me preocupaba mucho que algún mes no tuviera el dinero necesario para pagar la colegiatura. Gracias a Dios eso nunca pasó, al contrario, mi sueldo fue suficiente para eso y para sustentar los gastos de trabajos y maquetas que siempre me pedían. Mi papá me apoyaba con la inscripción cada semestre y yo me hacía cargo de los meses.

Comencé mi carrera mientras trabajaba en una pastelería. Mi trabajo consistía en atender clientes, vender pasteles y pelar dos rejas de manzanas por día (sí, dos). Nunca hice pasteles, pero odié las manzanas. Todavía recuerdo "mi callo" en el dedo que se me hizo con el pela papas.

Fuera de eso, mi trabajo estaba bien porque me daba para pagar mis estudios y podía hacer mis tareas ahí (claro, si terminaba con las manzanas) así que me hice experta en eso.

Después trabajé en una tienda de ropa, luego en una escuela donde apoyaba en la tiendita que vendía comida en el recreo. Pero un día me animé a pedir trabajo en una agencia de publicidad que estaba cerca de mi casa. Me puedo atrever a decir que fue ahí donde aprendí lo que es ser un Diseñador. La escuela me enseñó, claro. Pero nunca como ese trabajo. ¡Solo Dios sabe porque me contrataron, si ni siquiera sabía el significado de los colores! Aun así, me aceptaron, me enseñaron y me capacitaron y en poco tiempo me hice cargo de otros diseñadores que trabajaban ahí también. Mis jefes se volvieron amigos y hasta la fecha seguimos en contacto.

Cursé el resto de mi carrera con mucho esfuerzo y me fui acostumbrando a dormir siempre después de las tres de la madrugada, porque en este nuevo trabajo no me permitían hacer mis tareas como en la pastelería. Así que me hice nocturna, hubo noches en las que literalmente no dormía. Terminaba mis maquetas, me metía a bañar, me iba a trabajar y saliendo me iba a la escuela.

Mi horario de trabajo era de ocho a dos de la tarde y la escuela era de cuatro de la tarde a diez de la noche. Tenía dos horas para comer y saliendo en la noche hacía mis deberes escolares.

Mi sueldo era de dos mil cuatrocientos pesos por mes, (más o menos) y mi colegiatura era de mil ochocientos, así que me quedaban libres seiscientos pesos ¡con los que hacía maravillas! Con ese dinero me alcanzaba a pagar todo el material que me pedían y, a veces, para uno que otro lujito.

También en esa época comencé, con ayuda de mi novio (el que ahora es mi esposo) y de mi mamá, a vender comida los fines de semana, la ofrecíamos a nuestros vecinos y conocidos el sábado y el domingo muy temprano se las llevábamos a su puerta. Mi mamá me ayudaba a cocinarla y mi novio y yo la repartíamos. En ese tiempo tampoco tenía los fines de semana libres. Ahora que lo pienso, ¡bendita juventud que hace que tengas energías para los siete días de la semana! En este "negocio" me iba muy bien, tanto que hasta pensé en dejar de trabajar entre semana y solo dedicarme a trabajar los fines de semana, sólo que la diferencia era que "vendiendo comida" no aprendía mucho y en la agencia de publicidad SÍ, así que dejé el ingreso de los fines de semana y me dediqué solo a mi empleo semanal.

En la agencia de publicidad me encargaba de coordinar la elaboración de anuarios escolares, desde su toma de fotografías hasta su encuadernación y entrega, es ahí donde aprendí mucho de edición y fotografía.

Pasaron los años y terminé mis estudios universitarios, y no solo los acabé, obtuve uno de los mejores promedios de mi generación. Logré titularme automáticamente con un promedio final de 98, y fue un gozo no tener que hacer ni examen ni tesis ni nada para obtener mi título universitario… Aunque a nadie le importe eso AHORA, a mí "todavía" me causa orgullo…

Recién graduados la mayoría de mis compañeros empezaban a buscar trabajo, mientras que yo ya tenía experiencia, así que fue ahí en donde vi una vez más "recompensado" mi esfuerzo y sacrificio durante todos esos años…

Ya como profesionista me cambié a otra agencia de publicidad en donde se encargaban de llevar la imagen corporativa de algunas empresas importantes en Chihuahua (mi ciudad natal) y me gustó la idea de aprender algo nuevo. Me contrataron con un sueldo de seis mil pesos al mes y me hice cargo de varias firmas corporativas. Pero ya me empezaba a rondar la idea de irme a otro país a estudiar inglés, no sabía si a Canadá, Estados Unidos o Inglaterra. Como mis padres no tenían los medios para enviarme de intercambio de estudios, ni para pagar una escuela en el extranjero, de nuevo me dije: *si es lo quiero, tengo que pagarlo yo.*

Busqué la manera de irme como *au pair* que es niñera en lenguaje común, le pusieron ese nombre porque además de ser niñera te dan la oportunidad de estudiar el idioma y la familia te paga los estudios. Busqué por cielo, mar y tierra hasta que conseguí una familia en Vancouver, Canadá que me recibió. Tenían cuatro hijos que oscilaban entre los cuatro y doce años. Recuerdo que mi mamá me apoyó con el boleto de avión y yo ahorré para no viajar con las *manos vacías*. Compré mi maleta y empaqué. La llevaba pesada de sueños, atiborrada de miedos y me fui...

Llegué muy confiada porque supuse que con el inglés que había aprendido de niña sería suficiente, pero ¡oh sorpresa! Parecía que tanto ellos como yo hablábamos en chino porque no nos entendíamos nada. Ni siquiera podía yo decir NADA, fueron meses difíciles en los que me acompañaba con el diccionario para todo (antes no había celulares que te tradujeran) y el simple hecho de tener que hablarles a los niños hacía que se me revolviera el estómago. Más de una vez estuve a punto de regresar a mi hogar, pero la familia me trató tan bien que me ayudaron a superar esos primeros meses de *homesickness,* y terminé quedándome durante nueve meses.

Estudiaba dos días a la semana, y los demás días me hacía cargo de los niños, mi horario de trabajo terminaba a las 5 p.m. y después era "libre". Pude conocer mucha gente y empecé a disfrutar el vivir allá, aprendí a cocinar y tenía la ventaja de que no me dedicaba a la limpieza (a diferencia de otras compañeras) porque la familia tenía personal de limpieza que se hacía cargo de ellos y de mí también, siempre me trataron como parte de la familia y no como una "empleada" a pesar de que eso era. El tiempo que viví ahí estuve muy a gusto y supongo que ellos conmigo, le di clases de piano a los niños (de niña estudié piano muchos años) le ayudé con algunos proyectos a la mamá y viajé a varios lugares con ellos, además me pagaban muy bien y aprendí mucho sobre crianza infantil. Esa familia fue para mí un gran ejemplo, y hoy hago muchas cosas con mis hijos de la misma forma en que ellos hacían con los suyos.

Pasó casi un año y regresé a México. Al llegar inicié mi propia agencia de publicidad junto con dos compañeros de la universidad. Todo negocio siempre es difícil al principio, pero poco a poco fuimos haciendo que aquello funcionara, hasta que Ricardo me pidió matrimonio y dejé el trabajo para irme a vivir a Ciudad Juárez. Ese fue el primer lugar al que nos mudamos, ya que ahí trabajaba él. Nos casamos un abril del 2006 y como obviamente llegué sin trabajo, pensé: *voy a descansar un poco para dedicarme a mi hogar y a mi esposo...*

Pero mi cuerpo se confundió y pensó que dije: *AHORA Sí, a deprimirme un poco.*

Fueron meses difíciles porque además de que nuestras finanzas no eran buenas (era el inicio de nuestro matrimonio) lo cierto es que tampoco hacía MUCHO durante el día, así que busqué trabajo en varias partes y me dieron el *puesto de mi vida*: me ofrecieron una gerencia en una empresa de telefonía que apenas comenzaba en México. No fue como diseñadora gráfica sino como gerente de mercadotecnia —tema del cual sabía muy poco. Al contratarme, supongo que a quien se convirtió en mi jefe le habrán llamado la atención mis años de experiencia y mis ganas de aprender.

Así que me puse las pilas y aprendí, el sueldo no era el mejor, pero me pagaban más que en mis trabajos pasados y nos ayudaba mucho en la economía de nuestro nuevo hogar…

Tener ese puesto me ayudó mucho a desarrollarme profesionalmente pero el nivel de estrés era muy alto y mi horario muy extenso, así que cuando me embaracé decidí buscar algo más tranquilo. Un vecino era propietario de un gimnasio y me ofreció la gerencia de éste, también ahí me hice cargo de la publicidad y mercadotecnia con la esperanza de que la carga laboral y el horario no fueran tan exigentes, y tuve razón, gracias a ese trabajo tuve un embarazo tranquilo y conforme iba acercándose la fecha de parto podía trabajar desde mi hogar sin tanto estrés. Hasta que llegó el día en que Diego llegó a nuestras vidas, fue entonces cuando decidí no volver a trabajar. QUÉ DIFÍCIL DECISIÓN. Nuestros ingresos simplemente se cortaron por la mitad, aprendimos a vivir al día y las comidas en los restaurantes se convirtieron en un verdadero lujo. ¿Vacaciones? No, ni pensarlo, tuvimos tiempos difíciles, muy difíciles, pero los valoro y agradezco infinitamente porque gracias a estos, puedo ahora "saborear" todas las bendiciones que hoy Dios derrama en nuestras vidas…

Pasaron los meses y Diego creció, lo mejor es que siempre estuve "ahí". Hay mamás que por la razón que sea dejan a sus hijos en guardería a días de nacidos pero así como conozco a las que lo hacen porque simplemente NO TIENEN otra opción, hay otras que su prioridad nunca fue dejar a un lado su "desarrollo profesional" por criar a un hijo, AÚN sin tener la necesidad de trabajar… de entre estos dos tipos de mujeres yo soy de las primeras, preferí "amarrarme la tripa" y ver crecer a mi hijo desde la PRIMERA FILA…

Jamás me arrepentiré de esa decisión.

Cuando Diego ya estaba un poco más grande empecé a dar clases en la universidad en las carreras de Mercadotecnia y Diseño gráfico, eso aligeró nuestra carga económica y me daba oportunidad de estar con Diego la mayor parte del día.

En mi opinión yo creo que el "secreto" de lograr dejar de lado tu ingreso o que sea "menos" difícil dejar de trabajar fuera del hogar es hacerlo antes de que lleguen los hijos, o al menos recién llegados, ¿por qué? Porque aprendes a vivir con un solo ingreso, porque nunca te separas de ese pedacito de ti que sabes que te necesita al mil por ciento. Simplemente no te imaginas la idea de no estar presente, además, tu esposo se hace a la idea de que es solo su ingreso y nada más y lo más importante: no existe una razón más válida (para mí) que dejar de lado tu vida profesional al menos por unos años para hacerte cargo de la vida de un ser humano.

Han pasado muchos años desde que no soy parte de un corporativo, ni mis ingresos son una quinta parte de los de mi esposo, tampoco gozo de un sueldo quincenal, mucho menos bonos ni días libres, al contrario, en mi trabajo "actual" no recibo ni un céntimo, no tengo horario y en los días festivos, lejos de aligerar mi carga laboral, ésta se incrementa. Cuando esté viejita no contaré con un fondo de retiro y tampoco tendré ahorros, mucho menos aspiro a un ascenso, pero no existe mayor logro en mi vida que el ver que mis hijos se comieron esas calabazas llenas de vitaminas, o cuando los llevo al dentista y me dicen que su salud bucal es excelente, eso es el equivalente a cuando recibía felicitaciones de mi jefe después de una presentación con el corporativo. Tampoco puedo describir ese maravilloso sentimiento de que mis propios ojos sean testigos de ver a mis hijos en todos y cada uno de sus festivales escolares.

Recuerdo la satisfacción de recibir un "pago extra" después de lograr que la empresa aumentara sus ventas, pero ni eso se le acerca a lo que siento cuando veo que he logrado que mis hijos sean niños con valores y hábitos que han adquirido después de inculcárselos TODOS los días de su vida.

El hecho de estar criando seres humanos de bien y "cabezas de familia" (en mi caso) me hace sentir inmensamente orgullosa de mí misma, nunca ha sido impedimento para mi esposo el poder "movernos" de residencia para que él pueda desarrollarse profesionalmente y así poder darnos una vida más cómoda y llena de lo necesario, y ¿por qué?, pues porque lo que les hace más falta a sus hijos está disponible al 100% (o sea yo), porque nos podríamos mudar a China y ahí también estaré yo, él sabe que como pareja lo seguiré a donde sea necesario porque para eso me casé, para apoyar, pero, sobre todo, para ser pilar en la vida de nuestros hijos. Hay días en los que todavía mi esposo me dice: creo que si tú hubieras estado trabajando cuando me dieron la oportunidad de mejorar mi puesto en otra ciudad, tal vez no habría aceptado, porque tu ingreso nos habría detenido y le habríamos quizá apostado a lo seguro, poco pero seguro. Sin embargo, ¡no había opción!

Era o movernos o quedarnos sin trabajo, gracias a eso es que hoy por hoy vivimos y tenemos más de lo que jamás imaginamos para vivir, y ¡no hablo de lo material ¡Sino de lo que VALE, lo que importa!

Un matrimonio más unido y fuerte, unos hijos que no tienen el más mínimo derecho de reclamarme la tan conocida frase de "nunca has estado con nosotros" cosa que logra que tenga una conciencia verdaderamente tranquila, imposible negarlo.

Por otra parte, tengo que confesar que padecí y todavía, algunas veces, padezco el tan conocido síndrome de *cansancio crónico*, y me pregunto para qué *me quemé las pestañas* tantos años en la universidad, posteriormente trabajando y desvelándome tanto, para al final del día, dormir pensando en cómo lograr que Leonardo pronuncie bien la S, o cómo hacer para que aprendan a respetarse entre hermanos o de qué manera poder descubrir esos *talentos* escondidos con los que nacieron mis hijos y que nosotros como padres tenemos el deber de encontrar y desarrollar…

Ahora mis días se resumen en lograr que mis hijos sigan *respirando* y creciendo física y emocionalmente sanos, y si tengo tiempo me puedo dar el lujo de dedicarme unas horas a mí, pero luego yo misma me respondo y digo: ok, mi tiempo ya fue, si hice o no hice algo con mi vida eso no tiene nada que ver con ellos, ahora me corresponde que mis hijos hagan ALGO con la suya. Ya llegará el tiempo en el que vuelva a tener mis tardes libres, llegará el día en que añore tenerlos en mi cama acurrucados en mi almohada, o el día en que les ruegue que me acompañen al súper, sin duda llegarán los años y entonces sabré si mi "trabajo" estuvo bien hecho, es ahí donde recibiré mi paga, porque, aun así, estando presente en la vida de ellos nada es garantía. Me da miedo pensar en qué pasaría si no hubiera tenido la dicha y bendición de verlos crecer de cerca…

Me costó mucho valorar verdaderamente mi "profesión" actual, solía pensar que como mi trabajo no producía dinero, ¡no era trabajo!

Algunas veces me daba vergüenza decir que era únicamente ama de casa, sobre todo, por el hecho de haber estudiado una carrera universitaria. Llegué al punto de buscar trabajos *temporales* para no sentirme TAN culpable por no contribuir con la economía del hogar, pero un día alguien me dijo:

—¡Pero lo que tú estás produciendo es EL MEJOR PRODUCTO DEL MERCADO!

La comparación me pareció fuerte porque mis hijos no son productos, sin embargo, si lo veo desde el punto de vista figurativo tiene razón. Ese que en un futuro será el arquitecto, ingeniero o doctor, pero, sobre todo, padre de familia será mi aporte a la sociedad. Me dijo, además:

—Tienes el puesto más importante DEL MUNDO, en cualquier trabajo existe reemplazo, hasta el presidente de una nación se puede reemplazar... EL ÚNICO lugar en donde una mamá es irreemplazable es en su hogar —y tenía razón una vez más. No existe en el mundo ni en el universo entero otra persona que deseé que mis hijos logren sacar su mejor versión más que yo. No habrá nadie que los conozca tan bien, que sepa de lo que son verdaderamente capaces y el simple hecho de educar sabiendo que ellos a su vez habrán de educar a sus hijos, me hace trascender.

Ahora tengo oportunidad de poder realizarme más profesionalmente, puedo tener tiempo suficiente para dedicarme a la fotografía porque por las mañanas me es fácil, pero ya viene una tercera bendición en camino y volveré a *encerrarme* para ser mamá de tiempo completo por unos años más, pero ahora no me preocupa porque sé que la satisfacción que recibiré será mucho mayor que el esfuerzo que pueda llegar a hacer...

Así que para todas las mamás que cambiaron su profesión por la decisión de convertirse en GUÍAS, ARQUITECTAS Y DISEÑADORAS DE VIDAS todo mi reconocimiento, y de igual manera a quienes por decisión o necesidad tienen que salir a trabajar. Debemos sentirnos infinitamente agradecidas con la vida porque estoy segura de que recibiremos nuestra *paga* en un futuro no muy lejano y con creces...

Ni por todo El Oro del mundo

¡Qué semana! ¡Qué quincena! ¡¡¡Qué mes!!! Hay temporadas en nuestra economía familiar en las que el ingreso es el mismo pero los gastos son más. Ricardo me dijo: amor hay X cantidad de dinero en la cuenta, el mes que entra nos "nivelamos" (a veces, pasa más de un mes y seguimos desnivelados).

—Te tiene que alcanzar para todo el mes —me dijo.

De inmediato empecé a preocuparme y a hacer cuentas. Repartí mentalmente la cantidad entre todos los gastos que teníamos y me di cuenta de que si me súper organizaba sí la iba a hacer.

Mientras pensaba en todo eso imaginé, qué haría si tuviera diez mil dólares solo para mí. ¿Qué compraría primero? ¿En qué tienda gastaría más? (Hago esto muy seguido, lo siento, soy soñadora) todo lo que pensé comprar eran por supuesto cosas: ropa, zapatos, cosas de decoración (sí, soy rara y prefiero comprar un cuadro para la casa que una falda para mí) en fin, acabé con las tiendas en mi mente y suspiré hondo como añorando ese "botín".

Sin embargo, algo dentro de mi corazón me despertó de mis sueños guajiros y me abrió los ojos.

Me asomé por mi ventana que tiene una vista hacia un bosque y recibí los deliciosos rayos del sol que empezaban a saludarme muy temprano, eran las 5:20 a.m. cuando mi corazón "estornudó", reaccioné (a esa hora estoy haciendo mi rutina de desarrollo personal) y mi cerebro detuvo por unos instantes tanta angustia monetaria.

Me encontraba yo ahí parada con una taza de café contemplando el maravilloso e invaluable amanecer. Escuchando el canto de los pájaros que no tuve que pagar— ellos muy amablemente me lo regalaron— respiré muy profundamente y esa bocanada de aire no me costó un peso. Subí a despertar a mis hijos para la escuela y su aroma me llenó de ánimos para iniciar mi jornada. Tampoco tuve que pagar por eso. Cuando Leonardo abrió sus ojitos y me vio acurrucada junto a él (siempre me acuesto unos minutos junto a él antes de despertarlo) me sonrió con una expresión que ni mil millones de dólares podrían pagar. Diego salió del baño vestido y listo para desayunar. Ver a mi hijo sano y completo me pareció algo imposible de intercambiar por dinero, ni siquiera por lingotes de oro.

Al despedirlos los abracé tan fuerte que les apachurré su corazón. Estoy segura de eso. En ese momento me sentí millonaria. No, más bien ¡multimillonaria!

Tenerlos a los tres sanos y junto a mí me hizo olvidar qué hay meses de vacas flacas. Pensé y reflexioné que, para Dios, que es todo bondad, y nos da sin límite lo que realmente importa, sea cual sea nuestra situación económica nos sigue regalando la luz del sol que nos alumbra todos los días. El canto de los pájaros. El aire que respiramos. La lluvia que mitiga la sed de los árboles y plantas (y la nuestra). Los abrazos de nuestros hijos. El sonido de sus risas y el desorden en nuestro hogar que sin duda es el recordatorio fiel de que hay vida en nuestro entorno y de que, si ponemos en una balanza lo que realmente importa de nuestra existencia, no habría oro disponible en este planeta para pagar por ello.

Mi rutina de desarrollo personal

¿Qué tanto hago desde las cinco de la mañana? ¿Qué beneficios me ha traído despertarme cuando no hay ni siquiera luz e incluso los pájaros, están en su *quinto sueño*? ¿Cómo logro abrir mis ojos a las 4:50 am y bajar a meditar, hacer yoga, leer y escribir, visualizar, agradecer y decretar y luego preparar a los niños y prepararme yo para el día? En este escrito intentaré responder estas preguntas porque he recibido varios mensajes en redes sociales, en los que algunas mamás me comentan que simplemente no creen que sea posible realizar esta hazaña. Muchas creen que no hay forma de realizarla, sobre todo, con tres hijos y uno de ellos siendo bebé. Pues déjame te digo que sí hay manera. Yo soy prueba fiel de que sí se puede.

En mis años tiernos —esos a los que llamamos juventud— solía irme por las tardes a casa de mi mejor amiga a dormir. Sí, ¡solamente a dormir! Resulta que mi abuela materna tenía un trauma que lo debió de haber *heredado* de mi bisabuela o ¡yo no sé! Y jamás dejó a mi mamá dormir en el día o hasta tarde por la mañana. Mi mamá nos platica que no podía verlas a ella ni a sus hermanas descansando a media tarde o un sábado a las nueve de la mañana. Simplemente nunca pudo hacerlo. Para mi mamá acostarse a dormir en su infancia o adolescencia solo por gusto no fue posible. Ahora sé que dormir es una necesidad, particularmente, en la adolescencia.

Especialmente en esta etapa de la vida el cerebro requiere de más horas de sueño para desarrollarse y lo pide a gritos en los años de nuestra juventud. Sin embargo, mi madre hermosa heredó también ese *trauma* y le resultaba difícil vernos dormidas por la tarde o por la mañana. Y si había alguien en esta tierra que daba todo y más por dormir un minuto más, esa era yo.

Ahora ella lo reconoce y me dice que le era difícil comportarse de otra manera porque eso vivió y, lo único que hacía era repetir patrones. Me confiesa que siempre añoró poder dormir a *sus anchas* a la hora y durante el tiempo que a ella le hubiera gustado. Pero nunca fue así.

Bueno, pues mi estrategia era irme a la casa de mi mejor amiga a dormir. La mamá de Miriam no tenía ningún trauma, es más, nos cerraba la puerta y las cortinas para que no nos molestara el sol del mediodía. Porque sí, a esa hora, a veces, seguíamos dormidas. Les platico todo esto porque quiero que sepan mi *background*. Para mí, dormir es (o lo era) algo sagrado y solo de pensar en despertarme a las cinco de la mañana hacía que me diera más sueño.

Resulta que un día me dijo mi esposo que le gustaría poder leer más y tener más tiempo para nosotros, así que me propuso que nos despertáramos todos los días a esa hora. Confieso que tardó meses en que lograra que yo abriera un ojo y me reuniera con él en el sillón. Tengo que reconocer que siempre me ha gustado leer, pero lo hacía en el baño, mientras esperaba en la fila de la escuela para recoger a mis hijos o por las noches cuando mi cuerpo me gritaba, ¡YA DUÉRMETE! La verdad ni entendía lo que leía, solo me "bailaban" las letras y leía el mismo renglón varias veces, hasta que Sebastián decidía sentarse en mi cara o subirme los pies a la boca para que dejara el libro y decidiera apagar la luz y dormirme finalmente. Había ocasiones en las que duraba meses y meses en terminar un libro flaco y pequeño. De esos que nuestros hijos leen en una tarde.

Al fin, logré un día "arrastrarme" a la sala y comenzar a leer. Ricardo me preparó café y puso música para meditar, ese primer día, lo recuerdo, fue increíble. Estuve más relajada, me encantó poder leer y absorber de verdad lo que mis ojos leían. Disfruté enormemente cada sorbo de café y aunque para las once de la mañana ya tenía sueño otra vez, ese día fue en general más productivo. Los niños estaban listos a tiempo (porque cuando despertaron yo no andaba como zombi y remolino preparando todo), no corrimos como de costumbre e increíblemente estuvieron de mejor humor. Supongo que fue porque yo también estaba de mejor humor. Como me encanta leer sobre crianza, pude poner en práctica algunos consejos que los libros me enseñaban y por fin avancé más de cinco páginas en una hora. En fin, esos fueron los beneficios que obtuve en un solo día, el primer día que desperté a las 5 a.m.

Ahora, un año después tendría que hacer una lista ENORME de lo que ha cambiado en mi vida, en la vida de mis hijos y en general en todo mi entorno. Al grado de que hoy por hoy no importa si es invierno, verano, si hay cambio de horario, si dormí mal esa noche, si estoy enferma, si hace frío, etc. Mi rutina de desarrollo personal se hace todos los días a las 5 a.m. aun siendo sábado o domingo. De hecho, esos días son los mejores para mí, porque mis hijos despiertan un poco más tarde y así tengo más tiempo de escribir, leer, meditar y practicar yoga.

Pasaron los meses y al inicio hubo veces en las que no me levantaba, mi café se enfriaba y Ricardo terminada leyendo solo en la sala, pero gracias a Dios me casé con una de las personas con más fuerza de voluntad en este mundo, y eso me ayudó enormemente. Algunas veces escuchar la música de fondo y el olor del café hacía que me levantara y me acurrucara con él para seguir durmiendo, confieso que de repente lo sigo haciendo, pero siempre después de hacer mi rutina. Esas horas se convirtieron en sagradas para los dos.

Sin embargo, no siempre está Ricardo en casa, por su trabajo viaja muchísimo y era común que nadie me preparara café, ni pusiera música, ni me acompañara con una cobija a leer en el sillón, así que pedí "ayuda" a YouTube; simplemente escribí en el buscador: ¿cómo lograr despertarse a las 5 a.m.? Hay miles y miles de videos en donde te dan ideas y consejos de cómo hacerlo y me di cuenta de que todos tenían un común denominador: *Despertarse a las 5 a.m. y tener una rutina de desarrollo personal, te cambia la vida.* Y tenían razón.

En el libro *Mañanas Milagrosas*, leí por primera vez acerca de la dichosa rutina. Se supone que debes hacer algo que te guste hacer mucho y que te traiga beneficios personales, además hacer otras cosas que tal vez no te gusten tanto pero que con seguridad habrán de traer beneficios a tu vida. Luego de meses de iniciar, seguía despertando algunos días y otros no. Como no estaba conforme con eso y buscaba algo que realmente me formara el hábito y me ayudara a ser constante volví a lo de antes. Busqué en el querido YouTube algo que me facilitara abrir los ojos y disfrutar de esos momentos que me cambiaban el día pero que eran muy difíciles de iniciar.

No sé en cuál video (de tantos que escuché y vi) recomendaron una App que se supone te ayudaba a poder despertar con más energía por las mañanas. Lo que esta aplicación hace es monitorear tu ciclo de sueño y te despierta cuando NO estás en el sueño profundo, esto hace que te sea más fácil despertar. Bajé esta App y la instalé en mi celular. La verdad es que hacia todo lo que escuchaba para lograr mi cometido. El primer día no solo me despertó, además lo hizo efectivamente en un momento en el que no tuve que arrastrarme hasta el baño. También me mostró cuántas horas dormí profundamente, cuánto tardé en dormir, qué calidad de sueño tuve esa noche y si ronqué (siempre ronco), en fin, esta aplicación me ha ayudado enormemente a crear en mi vida el hábito de madrugar.

A continuación, te voy a enumerar lo que yo hago. Todos podemos hacer cosas diferentes, todos podemos hacer nuestra propia rutina, mientras que mi esposo ama leer por horas, yo reparto mi tiempo entre meditación, yoga y escritura, el chiste es que hagas lo que te hace feliz, que sea TU tiempo, que te acuestes por la noche emocionada de lo que harás por la mañana cuando todo está en silencio, cuando no hay interrupciones, cuando tu cerebro está listo y receptivo, y por supuesto, que también hagas algo que aunque no te encante hacer sea de beneficio para ti. Por último, si deseas una buena mañana tienes que iniciar en la noche, sí, no hay manera de que te acuestes a las 3 a.m. y pretendas levantarte a las 5 a.m. ¡simplemente no se puede! O bueno, tal vez sí, pero aventarás este "plan" en menos de una semana, aclarando esto, te digo que dormir temprano es fundamental para lograr el hábito.

Mi casa está completamente a oscuras a las 10:30 p.m. máximo, mi hermana dice que somos como gallinas, los niños a las 8:30 p.m. están en cama y para las 9 p.m. están dormidos, a excepción de Sebastián que necesita dormir acurrucado junto a Ricardo o a mí, así que es el que más se desvela. Muy mal, lo sé. Intento en la medida de lo posible no ver mi celular y no ponerme a hacer pendientes que hagan que me desvele, dormir a mi hora se ha convertido en prioridad en mi vida porque es el inicio de mi recompensa. Disfrutar de esas horas de "libertad matutina" hace que me apure y apague todas las luces pronto.

Te preguntarás si tengo sueño durante el día. Al principio sí, y cometí el error de acostarme un ratito por la tarde para lograr solo retrasar mi hora de dormir y con esto echar a perder mi mañana. Te preguntarás si estoy cansada. Pues no, no sé por qué, pero tengo más energía y me organizo más y mejor.

Ahora sí, te comparto mi rutina AM y te invito a crear la tuya.

5:00 —Me levanto, me lavo los dientes y me tomo un vaso de agua.

5:10 a 5:20 —Hago meditación y visualización.

5:20 a 5:30 —Yoga y estiramientos.

5:35 a 5:40 —Leo mi lista de agradecimiento y decretos.

5:40 a 6:00 —Lectura.

6:00 a 6:30 —Escribo generalmente los artículos para mi blog. O platicamos mi esposo y yo sobre el libro que cada uno está leyendo o de algunos pendientes que tenemos con los niños. Sobre todo, si son de crianza.

6:30 —Se acabó mi rutina ¡y comienza la de mis hijos!

Todas las horas son aproximadas por supuesto, aunque utilizo siempre el temporizador del reloj para no pasarme de tiempo (especialmente cuando medito) me sirve para que esos minutos sean realmente productivos.

No existen fórmulas mágicas, no hay algo milagroso que logre que una persona haga eso que en el fondo no quiere hacer. Cuenta muchísimo la constancia y tener la completa seguridad de que no he escuchado (hasta ahora) alguien que diga que levantarse temprano es perjudicial para la salud, sino todo lo contrario.

Para terminar, no puedo dejar de mencionar que, aunque algunas veces esté tentada a empezar a lavar las toneladas de ropa que me *coquetean* en la lavandería o el polvo en la mesa que me dice "ahorita tienes tiempo, ven y sacúdeme", me resisto a la tentación y dejo todo para sentarme a meditar he iniciar mi rutina, al fin y al cabo, no existe algo más fiel que la mugre. ¿O no? Esa hora y media es solo para nosotros, todo lo demás puede esperar.

Ojalá y te animes y lo intentes, no te desilusiones si te está costando, recuerda que lo que vale la pena merece esfuerzo, tu cuerpo, tu mente, tus hijos y tu vida te lo agradecerán. Busca videos que te puedan ayudar e instala alguna aplicación para que te sea más fácil iniciar. Aprovéchate de mis errores y fracasos para que crees con éxito tu propia rutina matinal.

Se tenía que decir y se dijo

Soy una mamá a MEDIAS

Dejé a la mitad la comida que estaba preparando, la ropa que lavé la acomodé encima de la secadora para que no se arrugara y la dejé igual: a la mitad.

El libro que empecé no lo he podido terminar y la cama que tendí por la mañana se quedó esperando que pusiera los cojines que la hacen ver "guapa" todo el día. Así son mis días, a veces, me siento como una mamá a medias, porque esta sociedad en la que es todo o nada continuamente me hace sentir que no hago lo suficiente porque me es inmensamente difícil terminar todas y cada una de las cosas que comienzo en el día.

Me comencé a maquillar, pero cuando iba a ponerme el rímel, Sebastián se despertó y casi se cae de la cama. Así me quedé, con un ojo "coqueto" y el otro triste. Lo peor es que me percaté de esto hasta que me desmaquillé (por la noche). Así que, todo el día anduve medio arreglada como siempre, estaba medio lista.

Me metí a bañar y sí, también me medio bañé, quiero decir, sí me lavé el cuerpo y la cabeza, pero no a conciencia. ¡¿Para qué más que la verdad?! Es más, me di cuenta de que me quedaron vestigios de enjuague en la parte de la nuca de la cabeza, ni modo —dije— así se me "humecta" más.

Limpié la camioneta, pero igual, a medias porque cuando me di cuenta Sebastián estaba *zafándose* de su *carseat* cual contorsionista profesional así que la dejé a la mitad si no terminaría aspirándolo a él también. Por las noches me duermo con esa sensación de no haber terminado lo que inicié. Siempre me propongo terminar de verdad por la mañana la mayoría de mis pendientes antes de que los niños se despierten. Pero como la vida de una mamá es un albur, también durante la noche tengo que atender a mis hijos. Ayer Diego se despertó y fue a mi recámara tres veces porque tenía miedo. La tercera vez le dije: ahí voy a acostarme contigo, él muy contento me agarró de la mano y me condujo por la casa porque yo prácticamente iba con los ojos cerrados. Cuando me acosté no me di cuenta de que la mitad de mi cuerpo flotaba en el aire así que también dormí a medias...

Siempre quiero terminar ciclos. Finalizar lo que comienzo. A veces, me acuesto por las noches con esa sensación de no haber hecho suficiente, de no haber sido más productiva. Mi cabeza repasa qué se me olvidó, qué me faltó, qué dejé sin hacer y confieso que ahí en la oscuridad de mi habitación y con los ojos abiertos viendo el techo muevo mi vista como tratando de visualizar mi día e intentando ver de qué manera el día de mañana logro terminar lo que todos los días comienzo...

Sí, a veces, me siento una mamá a medias, porque el mundo que me rodea me grita que lo soy. Porque es inevitable no compararme con aquellas mamás que lo tienen todo organizado en tiempo y forma. Que se maquillan la cara "completa" que se peinan como Dios manda. Que van al *gym*, estudian, atienden su casa, trabajan fuera del hogar y lucen tan relajadas y con su mundo bajo control. ¿CÓMO LO HACEN?

No lo niego, mi vida en muchas ocasiones es un caos, incluso los días en los que se suponía que no dejaría nada a medias. Dejo muchas veces cosas inconclusas, pero ahora que lo pienso hay unas que no. Hay unas que siempre termino. Son esas que sin darme cuenta las culmino. Son cosas que hacen que de alguna manera me sienta completa y sin duda me ayudan a aligerar la carga de culpa con la que vivo día tras día.

Esas cosas son los besos que a mis hijos no me canso de darles. Los abrazos que les doy por las noches antes de dormir. Las palabras que continuamente repetimos juntos (practicamos neurolingüística) para que se graben bien que son unos niños "sanos, fuertes, felices, inteligentes y triunfadores". Las miradas que no tienen fin en donde si mis ojos hablaran les gritarían constantemente que el mundo es un mejor lugar para mí desde que ellos llegaron a él. Esos besos, abrazos y miradas sí que los completo. Es más, las supero por mucho. Al tal punto de que ellos me digan ¡ya, mamá, me das muchos besos! En eso sí que no tengo remordimiento. Ahí me luzco y brillo con luz propia. Ajá, en eso de demostrar amor a mis hijos soy profesional. Así que, aunque en otras cosas sea una mamá a medias en estas últimas me considero una mamá completa.

Mi amiga INDESEABLE

Siempre está. Nunca es bienvenida, pero aparece cuando menos me lo espero.

Dormí pésimo, Sebastián se despertó no sé cuántas veces (perdí la cuenta) y por consecuencia me quedé dormida en la mañana porque no escuché el despertador. Así que corriendo preparé el *lunch* de mis hijos y su *snack*. Calenté en el horno unos nuggets de pollo y saqué jugos de la alacena. Los metí a su lonchera y ahí en ese momento llegó. Solo escuché que me dijo: ¡¿Es en serio lo que les vas a mandar de *lunch*?!

¿Por qué compraste *nuggets*? ¿Sabes si realmente están hechos de pechuga de pollo? ¿Y jugo? ¡¿Sabes cuánta azúcar contiene eso?! ¿Por qué no les preparaste limonada?... Yo solo la escuchaba, pero no le dije nada, me hice la sorda y seguí con mi rutina, aunque un poco más incómoda por sus comentarios.

Los niños se fueron a la escuela y me acosté con Sebastián para reponer mis fuerzas —que perdí por la noche que no dormí— cuando estaba acurrucándome, ¡apareció de nuevo! ¿Pero de verdad que te vas a acostar? yo creo que deberías de aprovechar y meter a lavar ropa porque cuando Sebastián está despierto y te pones a hacer otras actividades, no le das la atención que merece. Mejor aprovecha y mientras él duerme limpia la casa. Como siempre, ella (mi amiga) de metiche opinando y yo haciéndole caso. Así que como zombi me puse a terminar lo que tenía que hacer.

Llegó la hora de la comida. Hice espagueti con salsa de tomate —¡de frasco, claro!— Pollo a la plancha y crema de champiñones. Estaba yo muy contenta en mi cocina cuando sin llamarla LLEGÓ.

—*¡Hola!* —*me dijo*— *Qué rico, ¿qué estás haciendo de comer? No veo POR NINGÚN LADO las verduras.*

—*¡Pues la salsa tiene tomate!* —*le contesté.*

—*Sí, ¡pero está procesado! ¡Cero nutrientes! ¡Muy mal! Mejor prepárala tú misma y haz algo más nutritivo.*

Otra vez le hice caso. Saqué calabazas y las preparé con elotes, champiñones y crema. La salsa del espagueti, sí, la hice yo misma. Me tardé un poco más de lo normal. Sebastián lloró más de lo normal porque no lo cargaba y, aun así, viéndome ocupadísima, mi "compañera" se atrevió a decir: ¡POBRE NIÑO ya cárgalo! ¡Está llore y llore! ¿Y si se trauma? Ya medio molesta lo cargué y callada (de nuevo) hice todo lo que me dijo, con una mano...

Por la tarde Leonardo mientras comía, empezó a enseñarme la "montaña" de hojas y trabajos que había hecho en la escuela. Como estaba muy ocupada solo le decía: ¡mira! ¡Qué hermoso, qué bonito! ¿Lo hiciste tú? ¡Wow! Aunque la verdad no recuerdo ni qué vi. En ese momento, a mi lado, ahí parada muy al pendiente y en voz baja me dijo mi amiga: ¡Qué bárbara! ¿Crees que el niño no se da cuenta? ¡Pues ni que estuviera tonto! Claro que sabe que le estás "dando el avión", deja de hacer lo que sea y siéntate a ver sus obras de arte.

Eso hice, dejé de comer, se me quemaron las tortillas mientras Diego me pedía que le sirviera más y cuando me iba a sentar para apreciar los trabajos de Leo me dice "la doña":

—¡*Las tortillas! ¡Sebastián está llorando! ¿No lo oyes? ¡Acuérdate que Diego tiene que comer rápido porque se va a natación! ¡Sírvele ya!*

Me paré, cargué a Sebastián, le serví a Diego (como pude) y mientras comía con una mano y con la otra amamantaba a Sebastián vi los dibujos de Leonardo, en ese momento me dije: ¡Dios! ¿Por qué no tengo tres manos?

Y así transcurrió todo el día. Estoy segura de que no existe una mamá en el mundo que carezca de esta amistad. Todas le llamamos de diferentes maneras, algunas le llaman conciencia, otras remordimiento. Yo le llamo culpa, sí, DOÑA CULPA. Ella es la que me acompaña en el día y muchas veces por la noche también. Aunque hay veces que de plano la ignoro y me deja de "molestar". Sin duda siempre vuelve para recordarme que ahí está, aunque no le haga caso está presente observando y opinando de todo. Siempre.

Por la noche al acostar a los niños les leí un cuento. Me acurruqué con ellos, les dije cuánto los amaba y repetimos nuestra afirmación diaria. Le dimos gracias a Dios por el día y me dormí con mi mano encima del pecho de Diego (amo sentir latir su corazón). En ese momento, no la escuché, no opinó, no dijo nada, se limitó a estar ahí calladita y sin juzgar se acomodó en la misma cama que nosotros y se dispuso por fin a descansar. Supongo que hay veces que hasta ella necesita reponer fuerzas.

Yo SÍ tengo un hijo preferido...

Mi hijo preferido es Sebastián, el día que se sentía mal de su pancita le hice comida especial. Lo atendí con más cuidado y fui a comprar las medicinas que le hacían falta. Todo el día y la noche estuve al pendiente de él.

Esos días ese hijo, fue mi hijo preferido...

Diego necesitaba hablar, lo notaba triste y distraído. También un poco irritable. En las noches dejé de dormir pensando en qué sería lo que estuviera sucediendo en su corazón y en su cabecita. Preparé técnicas de comunicación. Leí más sobre la pre adolescencia, me armé de valor y paciencia y por último estuve más al pendiente de sus amigos y necesidades.

Esos días ese hijo fue mi preferido...

Leonardo tuvo su cita de rutina con su pediatra, me dijo que estaba un poco bajo de peso y estatura. Saliendo me fui directamente a comprar lo necesario para que se alimentara mejor. Hablé con él sobre la importancia de comer adecuadamente y me "inventé" historias en donde los niños que no comían lo suficiente, un día, de repente llegaba un aire fuerte y simplemente ellos salían "volando" por los aires sin que su mamá pudiera siquiera agarrarlos de los pies.

Le leí historias en donde las frutas y verduras eran "héroes" y aprendí a hacer platillos en donde la verdura parecía invisible pero que sin duda estaba incluida en esa deliciosa albóndiga. Finalmente hice que la pobre "Clarita" del huevo llorara desconsoladamente porque él solo quería comerse a "Yemita", en fin, hice de todo.

Esos días, ese hijo, fue mi preferido...

Y es que así es, siempre tenemos un hijo que nos necesita más en algún momento de la vida, del día, ¡de la noche! Y aunque sigues atendiendo a los otros una gran parte de tu cabeza está ocupada por aquel que está triste hasta que sonríe. Por ese que no come bien, hasta que se alimente correctamente. Por el que está enfermo hasta que se alivie y así sucesivamente. Es por eso por lo que creo firmemente que todas las mamás con más de un hijo, tenemos siempre uno temporalmente preferido.

Así que si me preguntan: ¿Cuál es mi hijo preferido? Respondería que es el que más me necesita en ese momento hasta que me deje de necesitar...

Cuando me hago de "La vista gorda"

¿Cuántas veces lo hago? ¡Muchas! ¡Miles! ¡Quién sabe cuántas!

Llegó Leonardo con el pijama puesta y los botones chuecos ¡chuequísimos! Estaba a punto de agacharme y decirle: a ver, yo te la pongo porque están chuecos. Pero me hice de la vista gorda y lo dejé así, pensé: después creerá que no es capaz de ponerse el pijama sólo y se supone que "debemos" dejar que sean in—de—pen—dien—tes, aunque lo hagan mal.

Recuerdo muy bien el día en que Diego me dijo:

—¡Mamá, hoy me peino yo! —salió del baño con partidura en medio. Sí, en medio. Un kilo de gel en la parte de enfrente y gallos atrás. Lo vi y aunque mis ojos ¡casi se salen de sus cuencas! Me hice de la vista gorda, pero ¿cómo le decía que parecía que un pájaro había puesto un nido en su cabeza? ¿Cómo? Si salió más que orgulloso de su primer peinado hecho por él. Pensé: pobre, a ver si no le hacen *bullying* en la escuela, pero solo me limité a preguntarle:

—¿Te gusta cómo te ves?

—Claro, mamá. ¡Por fin me peino como me gusta! —me contestó.

—Ok, lo importante es que te sientas a gusto contigo mismo —le dije mientras intentaba desviar mi mirada de su peinado original.

Cuando estoy cansada también me hago de la vista gorda, hay veces que tendría que llamarles la atención, decirles que recojan su cuarto, supervisar su mochila y revisar la camioneta. Todo para darme cuenta de que no han recogido o que debajo de la cama hay un arsenal de ropa que se ha acumulado no sé cómo o que su mochila tiene un plátano aplastado desde no sé cuándo. O que debajo de los asientos de la camioneta hay colección de calcetines junto con una buena dotación de cáscaras de mandarina, libros, plumas, envolturas de galletas, dulces, vasos, papeles, guantes, y todo lo que su ilimitada imaginación les permita cargar para meter adentro de la camioneta, no vaya a ser que se "aburran" de los largos viajes que hacemos de la natación a la casa.

Sí, lo confieso, me hago la que no ve para aligerarme el trabajo. Aunque luego lo termine haciendo yo. No solo porque obviamente lo terminaré haciendo mejor que ellos, sino porque, a veces, no tengo ganas de discutir, rogar, regañar y todo lo que una mamá hace más de diez mil veces en el día. Cuando eso me pasa, simplemente me limito a decir.... ok, como sea.

No sé a cuantas les pase. Tal vez solo a mí. Pero es así, la realidad es que también tengo "miopía de defectos". Mi vista me falla cuando veo que hicieron las cosas mal, como que veo borroso, aunque toda la gente a mi alrededor vea el comportamiento de mis hijos en "alta definición" pareciera que a mí me falla la vista. Y no es que no me dé cuenta, lo reconozco, a veces, les beneficia a ellos y otras a mí.

Todos los días por las mañanas tienen que hacer obligaciones matutinas, si no las hacen no pueden disfrutar de ningún aparato electrónico (incluyendo TV) aunque solo tengan permitido una hora por día entre semana. Cuando no las hacen y regresan de la escuela y tengo mil cosas que hacer, pienso: ¡Ay no! ¡Los voy a tener encima de mí! ¡Como no hicieron sus trabajos estarán sin poder entretenerse y ahora seré YO la que los tendré que distraer, y no la TV! Mejor, me hago de la vista gorda y que se sienten un rato para que me dejen terminar de preparar la comida.

En otra ocasión Sebastián estaba llorando como "Magdaleno". Yo estaba con las manos ocupadas y Diego le empezó a bailar —eso creo—, sin embargo, lo que haya estado haciendo funcionó, porque Sebastián dejó de llorar. No sé si de susto o de gusto porque parecía que le estaban dando ataques a Diego mientras bailaba. Me hice la que no veía nada (de nuevo), pero mis carcajadas me salían por las orejas. Al final de la canción mi hijo me preguntó:

—¿Qué tal bailo, mamá?

Sí, ¡dije lo que cualquier mamá hubiera dicho!

—HERMOSO, mi cielo... gracias por entretener a tu hermano.

Jamás terminaría de escribir las veces que veo, pero no veo. Porque así supongo que es la vida de una mamá. Estar presente en la vida de nuestros hijos muchas veces haciéndonos las ciegas para dejarlos crecer física y emocionalmente.

Solo espero que Dios me siga dotando de esta hermosa virtud de estar al margen y limitarme de criticar, juzgar y hacer por ellos lo que por derecho les toca experimentar...

Me declaro culpable

Me declaro culpable de acurrucarme gran parte de la mañana junto a mi bebé sin lavar un solo plato y disfrutar de esos minutos u horas en los que solo escucho su tranquila respiración muy cerquita de mí.

√ Me declaro culpable de no preparar comida saludable y descongelar unos dedos de pescado y vaciar dos latas de sopa en el sartén.

√ Me declaro culpable de engañar a mis hijos varias veces diciéndoles que se acuesten y que en un ratito voy a leerles un cuento cuando en realidad solo espero que *cuelguen el pico* y se duerman.

√ Me declaro culpable de inventar que si no cierran las cajas de cereales un día encontrarán una colonia de arañas u hormigas viviendo muy felices ahí.

√ Me declaro culpable de leer los ingredientes de los alimentos y aun así cocinar con ellos, aunque algunos de ellos no sean beneficiosos para la salud.

√ Me declaro culpable de tener flojera de jugar con ellos, sí, MUCHAS veces tengo flojera.

√ Me declaro culpable de no meterlos a bañar diario, si no salimos en todo el día y no "huelen" mal, así los dejo.

√ Me declaro culpable de aprovecharme de ellos para que me traigan cosas, algunas veces, hasta el papel de baño.

√ Me declaro culpable de decir: ¡¿de verdad?! ¡Wow! ¿En serio mi cielo? ¡Oh! ¡Qué interesante! Sin ni siquiera tener la más mínima idea de lo que me están platicando.

√ Me declaro culpable de tirar montones y montones de trabajos hechos en su escuela y que si decidiera guardarlos de seguro necesitaría una bodega del tamaño de la casa.

√ Me declaro culpable de asustarlos diciéndoles que si se separan de mí en algún lugar público se los pueden robar para luego venderlos en algún lugar muy lejano como "Tombuctú" y jamás en la vida me volverán a ver.

√ Me declaro culpable de tocarle el pañal a Sebastián y decirme en silencio: todavía aguanta otro rato... Aunque ya esté explotando. Solo por la flojera de literalmente luchar con él para cambiarle el pañal.

√ Me declaro culpable de hacerme la olvidadiza y rogar que se haga de noche rápido cuando les prometí llevarlos a hacer un mono de nieve. Sobre todo, si estamos a menos veinticinco grados centígrados y solo de imaginarme en el exterior hace que me tiemblen los dientes.

√ Me declaro culpable de hacerles las cosas que bien podrían haber hecho ellos solos para evitarme el desgaste de andar arreándolos para que lo hagan rápido y bien.

√ Me declaro culpable de amenazarlos con cosas que jamás haría. Como: ¡apúrate o te dejo aquí! o, ¡le voy a hablar a tu maestra para que me diga si te acabaste o no el *lunch* completo! (Ilusa de mí, como si la maestra fuera a saber).

√ Me declaro culpable de decirle a Leonardo que si no come alimentos saludables voy a llevarlo al doctor a que le saquen sangre (¿Para qué? ¡No sé!, pero ESO le digo).

√ Me declaro culpable de cortar la verdura en mini pedacitos y revolvérsela a la carne para luego decirle a Leo que no tiene nada de verdura ese guisado tan apetitoso.

√ Me declaro culpable de escuchar a Sebastián llorar y sabiendo que no le pasa nada, seguir bañándome tranquilamente.

√ Me declaro culpable de ver que se vistieron al revés, que traen un calcetín de uno y otro de otro, que se medio bañaron, que sus zapatos no están "relucientes" que andan despeinados, que les veo la ropa chica, que ya necesitan otro cepillo de dientes, que si por alguna extraña razón estoy viendo la tele o haciendo algo que me gusta en la casa y veo el reloj para darme cuenta de que llegarán en pocos minutos de la escuela, reniegue y me diga a mí misma: ADIÓS LIBERTAD.

√ Me declaro culpable de regañarlos, algunas veces, sin razón, de gritarles cuando debía de haberles hablado, de hacerlos esperar cuando debería de haber llegado a tiempo por ellos, de desaprovechar momentos en los que lo único importante son ellos. Me declaro completamente culpable de limpiar y limpiar para dejar de lado su compañía, sus pláticas, sus besos chorreados y sus abrazos apretados en mi cuello. De todo y mucho más me declaro culpable y es que, aunque lo intento cada día de mi vida algunas veces no soy la mamá que merecen y aunque en el momento no me doy cuenta siempre por las noches mi conciencia y mi corazón me lo recuerdan... Al final lo único que me queda es seguir intentando ser mejor persona para mis tres hijos, aunque muchas veces sea TOTAL Y COMPLETAMENTE CULPABLE.

Teníamos libertad FINALMENTE... Pero no sabíamos a dónde ir

¡Qué emoción! ¡SOLOS! ¡Comeré un plato caliente! ¡Con las dos manos! Pensaba todo eso mientras recordaba que generalmente sostengo a Sebastián con una mano y con la otra corto la carne o pollo, tomo agua, sirvo los platos de Diego y Leo y recojo la mesa al terminar de comer. Sí, todo eso pensé cuando mi cuñado y su esposa nos ofrecieron cuidar a nuestros hijos por nuestro aniversario. ¿Pensé en mi atuendo? o ¿busqué restaurantes de moda o algún bar súper *nice*? No. Solo pensé en sentarme en una silla YO SOLA, sin mi "garrapata" humana adherida a mí.

Y se llegó el tan esperado día. Ese viernes me desperté con todas las pilas (ahora que lo pienso debí de haber dormido más y no haber movido un dedo porque para las 7:30 p.m. que estábamos yendo a nuestra cita, literal tenía cero energías). Bueno pues fuimos a dejar a los niños muy apurados con mi cuñado y rápido (como si nos estuvieran contando el tiempo) los aventamos a los tres. A Sebastián ¡hasta le puse mameluco por si llegábamos muy noche, así ya no lo tendría que cambiar para dormir!, ajá.

Cuando los dejamos corrimos a la camioneta nos miramos muy emocionados y me preguntó Ricardo muy contento:

—Ahora sí, mi corazón, ¿a dónde vamos? —me dijo con una sonrisa digna de foto.

—Dame opciones y yo elijo —le contesté mientras me le quedaba viendo con cara de no sé.

—No conozco ningún lugar, por eso dime tú a dónde vamos —replicó pacientemente.

—¡Pues yo tampoco conozco ningún lugar! —le contesté.

En ese momento nos dimos cuenta de nuestra triste realidad.

Como pocas veces salimos en modo adulto, no teníamos idea de a dónde ir. Nos quedamos muy serios ahí calladitos en la camioneta, los dos mirando al frente como dos niños sin ilusión.

Estábamos perdiendo minutos valiosos. Nos volteamos a ver, nos reímos como entendiendo nuestra triste historia, y me dijo:

—Déjame pregunto a ver quién nos recomienda algo —en un chat nos recomendaron McDonald's, Starbucks y un restaurant de Alitas que no estaba lejos de nuestra casa (por eso de no alejarnos tanto de los niños). En ese momento pensé: ¡Lo que sea! El chiste era comer algo rápido e irnos a dormir porque moría de sueño. Llegamos y pedimos. Ricardo muy macho (según él) pidió un mega tarro de cerveza y yo unos tacos de pescado. Llegó la gigantesca cerveza de Ricardo y mis tacos con la tortilla fría, así que eso de "comer una comida caliente" no se me cumplió. Resulta que aquí en Estados Unidos, en muchos lugares no calientan la tortilla. ¿Por qué? ¡No sé!

Terminamos nuestra cena y la cerveza se quedó esperando a que Ricardo pudiera ver el fondo del tarro. Eso nunca pasó porque ya se sentía mareado cuando llevaba la mitad.

—Falta de costumbre, mi cielo —le dije.

Pagamos y fuimos a recoger a nuestros críos muy contentos, llegamos por ellos y Sebastián (mi garrapata personal) se abalanzó a mí como si no me hubiera visto en cien años. Los otros dos no. Yo creo que también descansaron de nosotros.

Nuestra cita había durado dos horas y para las 10 de la noche casi arrastrábamos los pies, así que cuando llegamos estaban muy despiertos y contentos, con su energía al *full* y nosotros como *Wall-E* en focos rojos.

Volvimos a nuestra casa los cinco. Nos acurrucamos en la cama y por increíble que parezca los extrañé, disfruté enormemente tenerlos a todos encima de mí apachurrándome y peleando por quién lograba estar más pegadito a mí.

¿Disfruté mi tiempo de libertad? Sí. ¿Nos hacía falta a Ricardo y a mí platicar solos? Sí, pero, imposible poner en una balanza el tiempo en familia hechos "bolas" en la cama y los tacos de tortilla fría. ¿O sí?

¿Cuándo lograré "AMARRAR MI LENGUA"?

Y comienzo así:

"Mi cielo (Leo) por favor recoge tu zona (todos en mi familia tenemos una "zona" que mantener en orden) no dejes nada en el suelo y acomoda todos los libros en su lugar".

Luego camino un poco y veo juguetes en la barra de la cocina. "¡Leo ven por estos juguetes que están en la barra! ¡Ya sabes que no van aquí!" Leonardo deja de acomodar lo anterior para llevar los juguetes a su lugar. Cuando va y los acomoda se entretiene con un libro y yo al mismo tiempo me tropiezo con la Lula que me ruega con sus ojos como diciendo ¡sácame a hacer pipí! ¡Por favor! como le toca a Leo sacarla, le digo: "¡Leo! ¡¿Por qué no has sacado a la Lula a hacer?! ¡Si se hace tú vas a limpiar!" Entonces Leonardo deja la sala que estaba recogiendo, los juguetes que estaban en la barra de la cocina tirados en su cuarto y los libros que estaba leyendo regados por su cama, corre y saca a la Lula, cuando regresa avienta la correa en la mesa de la cocina y se sienta muy tranquilo a leer otro libro que estaba en el sillón.

Para ese momento yo ya no digo: "mi cielo", "papito", "mi amor", etc., tú sabes, esas palabras que te salen del corazón cuando tu "tanque" de paciencia está *full*.

Para cuando Leonardo entra a la casa con la Lula yo ya lo espero con "lumbre" en los ojos y le digo: "¡LEONARDO! ¡¡¿Por qué no has terminado tu zona?!! ¡¿Por qué siguen juguetes en la barra?! ¡¡¿Porqué están los libros en el suelo?!! ¡¡¡¡¡Porqué la correa de la Lula está en la mesa de la cocina!!!!! (ahí me sale una voz de "ultratumba") y ¡¿Por qué estás ahí MUY a gusto sentado leyendo como si ya hubieras terminado lo que te pedí?!"

Y si fuera posible que me saliera "humo" de las orejas de seguro que me saldría...

Él todo asustado y corriendo intenta hacer todo lo que le pedí. Por supuesto, ya lo hace renegando o llorando, avienta todo apurado y su humor (y el mío) se descomponen completamente para no mejorar en no sé cuántas horas. A veces, el ánimo nos dura todo el día descompuesto.

Y llegó un día en que acostada en mi cama reflexioné. Recapitulé. ¿Qué fue lo que desbarató todo ese día? ¿Por qué Leo no cumple con lo que le pido? ¿Por qué siempre terminamos enojados y yo gritando?

Luego, me di cuenta dónde fue el momento en que lo eché a perder. Fue cuando él muy contento acomodando la sala escuchó que le pedí que recogiera los juguetes de la barra de la cocina. AHÍ FUE. En ese instante. Luego me pregunté: ¡¿Por qué no puedo amarrar mi lengua?! ¡¡¿Por qué no puedo esperar a que un niño de siete años haga lo que le acabo de pedir con la velocidad de un niño de siete años?!! ¿Por qué supongo que ya acabó algo cuando todavía va a la mitad?

En ese momento me responsabilicé de nuestro fracaso en términos de orden y limpieza, no es él, soy ¡YO! —me dije—. ¿Porque no puedo dejar de ser mamá-sargento para convertirme en mamá-guía?

Siempre me auto compadezco y le digo a mi esposo: si tú supieras lo desgastante que es pedir mil millones de veces lo mismo y de cualquier manera ser ignorada ¡POBRE DE MÍ!

Pero sinceramente creo que los que deben de sufrir más son mis hijos. Ellos sí que sufren. Imagínate a tu jefe pidiéndote un reporte y al minuto de haber iniciado hablándote para que dirijas una junta. Luego en menos de cinco minutos exigiéndote el reporte que te había pedido hace rato pero que no lograste terminar porque tenías la junta. Al final harás todo. Sí, pero, ¿cómo? Todo mal seguramente y de mal humor.

Exactamente así sucede con Leo. Me está costando trabajo "amarrar mi lengua" y esperar a que termine lo que le pedí. Enfocarme en que haga, aunque sea una sola cosa, pero bien y completa. Estoy segura de que eso es mejor a que haga muchas mal y con mala actitud. Así que respiro hondo, me hago de "la vista gorda" con los juguetes tirados, la ropa en el suelo, los libros en la cama y le doy el tiempo necesario para que termine lo primero y único que le pedí. Hasta ahora me ha funcionado mejor y en lugar de gritarle desde mi "central de mando" (la cocina) y decirle: ¡Mi cielo, tiende tu cama! Me acerco a él. Me bajo a su nivel, lo miro a los ojos y me aseguro de que él lo haga también y le digo: Leo, ¿ves ese reloj? Ahí dice que son las 9:30. Tienes hasta las 9:40 para tender tu cama y cuando termines me vienes a avisar por favor para decirte que más necesito que hagas.

¿Me da flojera agacharme y mirarlo a los ojos con amor y paciencia mientras traigo a Sebastián en los brazos llorando cual "Magdaleno", el huevo se me está quemando, la Lula me grita sácame al baño, Diego me platica sus interminables historias y mi esposo me pregunta qué haré de comer?

¡¡CLARO!!

Me es sumamente más fácil gritarle y ya, pero los resultados que recibo son muy diferentes, así que opto (la mayoría de las veces) por la primera opción, aunque me cueste el doble o el triple amarrar mi lengua.

Todo es por culpa de mis hijos

Mis ojeras difíciles de esconder, mis reumas que me avisan con exactitud cuando va a llover (aunque mi esposo se ría y no me crea) mi ciática que me molesta cada vez que Sebastián gana un gramo más de peso y lo tengo que cargar. Mis dientes descalcificados y sensibles, mi espalda chueca con un lado más "musculoso" que el otro (¡Obvio! Cargo a Sebastián y hago prácticamente todo con una mano). Mi escasa cabellera que fui dejando desde mi primer embarazo por no sé dónde. Mis brazos cansados y mis cejas carentes de forma. Mis bigotes que, aunque sean casi invisibles eso son: CASI invisibles, o sea que yo SÍ los veo ¡y los demás de seguro también! Pero, ¡¿o me depilo o le cambio el pañal a Sebastián o hago de comer o recojo la casa u organizo las compras o me baño o duermo o desayuno?!... ¡DIFÍCIL DECISIÓN!

Cuando veo a alguna mamá con manicura pienso invariablemente: mira, ella sí tuvo tiempo de pintarse las uñas completas. En ese momento me viene a la mente la última vez que lo intenté.

Estaba Sebastián dormido. Súpito. ¡Hasta roncaba! Lo vi súper relajado que dije: Ahora es cuando. Saqué mis esmaltes para ver cuál estaba menos seco (eso es por exceso de uso... sí, claro) la verdad el color no me importaba, lo único que quería era uno que se deslizara en mi uña, al fin encontré un amarillo. Sí, amarillo.

Y pues como era el menos seco me lo puse. Llevaba tres dedos y Sebastián decidió despertarse con más pila que *Wall-E* por la mañana. No solo me quedé con tres dedos amarillos: ¡esos tres dedos estaban pésimamente pintados!

Bueno, pues así duré más de una semana, porque para despintarme tampoco tuve tiempo.

Cada vez que me veía pensaba: ¡Lástima, Adriana! Casi lo logras, solo te faltaron siete... Y viendo mis manos me quedaba resignada con siete dedos pálidos y sólo tres coquetos.

Mis hijos tienen la culpa de todo eso y más, han cambiado mi vida y mi físico. Este último, se ha convertido en algo que nunca imaginé. Algunas veces me veo en el espejo y no me reconozco. La mujer que se refleja ahora es tan distinta a la que veía hace trece años que en momentos creo que soy otra, he cambiado tanto que además de todo lo que ya he mencionado tengo que decir que mi corazón, mi alma y mi conciencia son distintos también, y aunque estos últimos no pueden ser reflejados en el espejo y nadie los pueda ver, yo los puedo sentir. Yo sé que ahora que soy mamá son distintos y a diferencia de lo demás estos tres (alma, corazón y conciencia) son mejores. A ellos lo único que les ha pasado es que se han convertido en el hogar de mis hijos, sí, mi corazón está habitado por ellos, mi alma los persigue día y noche y mi conciencia me ayuda a saber si lo que hago o dejo de hacer es lo correcto.

Hay cosas que no se ven. Pero por culpa de ellos soy mejor persona, mejor ser humano y mejor esposa. Por su culpa mi vida tiene más sentido y aunque carezca de muchas otras cosas más lo importante es que mis hijos me recuerdan que lo que realmente vale en una persona es invisible a los ojos... De eso también son culpables.

Cuando te dan "el pésame" en lugar de felicitarte

Cuando estaba embarazada de mi tercer varón, recibí muchos comentarios. Unos buenos otros no tanto y como este libro es una ventanita de mi alma entonces me siento libre de escribir lo que carga mi corazón… Y es algo así:

"I'm sorry!" Fue lo primero que escuché cuando la doctora me hizo la ecografía para saber el sexo del bebé.

—*Do you already have boys?* —preguntó la doctora.

—*Yes, we have two* —dijo Ricardo.

—*Oh! Well it's a boy, I'm SORRY…* —exclamó muy despreocupadamente.

No sé qué sentí más feo, si saber que no era una niña o su reacción. Todo empezó cuando al fin decidimos atrevernos al tercero (y es que en estos tiempos un tercero es de VALIENTES, dicen por ahí) nunca lo hice con la idea de buscar a la niña. Era solo que en mi corazón había espacio para uno más. Sin embargo, mi familia, amigos y conocidos se encargaron de que esta idea cambiara. De repente me decían:

—¿Y si al fin llega La Niña?, ¡IMAGÍNATELA!

Y entonces pasó… La imaginé. Es más, la soñé.

Hubo gente que también la soñó y hasta me la describió. Tengo una amiga que me dijo: mi mamá jamás se equivoca y me dijo que será niña… Y entonces me la creí. Mi mundo completamente azul y cargado de testosterona empezó a hacerle espacio al rosa. Sin darme cuenta me fijaba más en los "tutus" y moños. La ropa de niña que jamás me llamó la atención ahora lo hacía.

Los nombres de las princesas de los cuentos empezaban a aparecer en mis pensamientos (antes solo podía recordar a Cenicienta y a Blanca Nieves) sin embargo, ahora sabía que había una Elsa y una Moana, y cuando veía a mamá e hija en una tienda escogiendo ropa, imaginaba que así podría estar yo en un futuro no muy lejano.

Diego se encargó de hacer crecer ese pensamiento. Jamás en mi vida lo escuché pedir con tantas fuerzas a Dios por una hermana. Los que lo conocen me dirán que hubiera sido un perfecto hermano mayor de una niña. Es protector, líder y guía por naturaleza y solo tiene nueve añitos. Así que también eso lo imaginé: a Diego y a su pequeña hermana.

Y es que hay algo que la sociedad llama "normal" y se encarga de recordártelo de vez en cuando, como, por ejemplo:

•Debes tener niña porque cuando seas vieja entonces ¿quién te va a cuidar?

•Yo como ya tengo dos varones no me animo al tercero porque después me puede pasar lo que te pasó a ti.

•Cuando tus hijos crezcan se van a ir con sus esposas y tú estarás muy sola, qué lástima que no tuviste a la niña.

•Ahora sí, tu esposo conocerá el amor del bueno. Las niñas les roban el corazón a los papás.

Y así podría continuar… A todos esos comentarios les tengo respuesta. Sin embargo, desgasta un poco la idea de tratar de ir cambiando idiosincrasias que existen en este mundo.

Para empezar: me siento la mujer más cuidada del mundo, mi esposo y mis dos hijos, particularmente, el mayor está siempre al pendiente de mí y no sé por qué con los años eso deba de cambiar. Algún día seré vieja pero no tengo la menor duda de que si Dios me pone en la situación en la que necesite cuidados de alguien más, Diego y Leonardo estarán ahí y este bebé que viene también…

A las que no quieren verse en mi penosa situación de tener que lidiar con tres varones y evitan así la bendición de un tercer hijo les puedo decir que tener dos niños me ha cambiado para bien. Con ellos no existen los dramas y la practicidad es lo primero en mi hogar. Nunca he comprado acondicionador de cabello para ellos y su ropa tiene siempre el mismo estilo. Son fáciles de convencer porque no dejan de ser hombres y yo mujer, sé cómo llegarles para que hagan lo que necesito.

Disfrutó inmensamente mi tiempo de soledad. Esos ratos en los que mis tres caballeros se van a andar en bici o a jugar con la pelota me dan una tranquilidad que tengo que reconocer que, a veces, hace mucha falta en mi hogar. Así que estar sola no me da miedo… Los hijos se van. Sean hombres o mujeres. Tan cierto como yo que vivo lejos de mi mamá y soy mujer.

Además, no existe garantía de que la relación madre-hija sea perfecta por el simple hecho de que las dos sean mujeres. He visto todo lo contrario. Sin embargo, sé que mis hijos se irán, pero tendrán que volver de vez en cuando. Y no lo harán solos sino con sus esposas que al final de cuentas habrán de convertirse en mis hijas. Serán algo así como un "bono" extra.

A los papás de nenas que le decían a mi esposo: si es niña, AHORA SÍ CONOCERÁS EL AMOR DEL BUENO. ¡¿Cómo?! ¿El amor a los niños no es "amor del bueno"? Yo puedo asegurar que sí. Me explota el corazón cuando veo a mi esposo besando y abrazando a Leonardo y a Diego. Sin contar que soy testigo fiel de lo bien que la pasan los tres juntos. Es verdad, no sé lo que es tener una niña. Y los que la tienen dirán, te faltó, pues no lo sé y tampoco lo sabré. Lo que sí sé es lo que es tener niños y convertirte en su modelo de belleza para ellos. Moldearlos para dejar en este mundo personas con una mente más abierta y lograr hacer de ellos hombres de bien. Sé también que por lo pronto su infancia me pertenece. Soy su guía y solo me basta ponerme un poco de maquillaje para que me digan: ¡Mamá, estás hermosa!

Llegará la adolescencia y podrá ser que se "alejen" un poco, pero nada me garantiza que una niña no lo haga. Por lo pronto sigo siendo la consentida de su papá, la única dama a la que le tienen que abrir la puerta y asegurarse de que si llueve y hay un sólo paraguas sea para mí…

En fin, mi mundo se quedó azul y así seguirá. Los que me rodean se acostumbrarán a verme con mis tres príncipes y yo seguiré siendo la reina. Además, no olvido aquella frase que me dijo mi doctor cuando alguna vez le pregunté:

—¿Hay alguna manera de lograr que sea niña o niño?

Su contestación fue tan clara y precisa que me sorprendió y me dejó sin respuesta.

—No hay manera, Adriana. Dios enviará lo que les haga falta —y así fue sin duda alguna, de lo contrario dudaría de los planes de Dios, y Él jamás se equivoca.

Y a mí qué me importa

Estaban todos los niños jugando a ver quién le ganaba al camión escolar cuando éste llegara a la parada. Se preparaban para la carrera y se reían unos con otros, con excepción de un niño. Este niño estaba sentado en la banqueta con su celular pegado a los ojos, su cuello parecía de plastilina de lo mucho que lo encorvaba y su espalda era casi una "C". No se percataba de nada, ni de los carros, ni de los niños, ni del sol, ni del aire, ni de nada.

Me le quedé viendo mientras pensaba, pobre niño, qué futuro le espera. ¿Por qué los papás le permiten tener celular a tan corta edad? ¡Qué mal que existan padres así! Pensé y pensé y juzgué y juzgué también. Hasta que me dije: ¿y luego, Adriana? A ti ¿qué te importa?

En ese momento dejé de tenerlo en mi mente y me concentré en los míos, en mis hijos, en esos que sí me debiesen de importar.

En otra ocasión estaba a la tienda y entró una señora muy apurada con su hijo en brazos. El niño iba llorando tanto que era imposible no voltear, la señora muy tranquila hacía sus compras como si tuviera "corchos" en los oídos y no escuchara los alaridos de su hijo. Yo, por supuesto, volví a pensar: pero ¿qué le pasa?, ¿no lo escucha? ¡Por qué no le dice nada! Por eso el niño es así, y de nuevo mi yo razonable (ese que, algunas veces, ignoro, bueno, no algunas sino muchas veces) me volvió a decir: ¡Y a ti qué te importa cómo educa esa señora a su hijo! Si no quieres ruido vete a cosechar a tu casa tus propios alimentos y así no tienes que ir a la tienda.

En ese momento mi concentración en el niño ajeno y su educación dejaron de importarme y también dejé de juzgar.

Si todos pensáramos así y nos enfocáramos más en los nuestros, en los que debieran de importar al cien por ciento, este mundo sería mejor.

Con esto no quiero decir que los otros niños no sean de nuestra incumbencia. Creo que todos los niños tienen necesidades que deben de ser cubiertas por los padres o los tutores o los que estén a cargo del niño, pero si esto no es posible entonces podemos poner nuestro granito de arena y ayudar en la medida de lo posible. La idea de solo juzgar a las mamás por la forma de educar a un niño es un costal más que le echamos a la espalda porque nosotras más que nadie sabemos cuándo lo estamos haciendo mal. No hacen falta esas miradas que si hablaran serían tan hirientes y dolorosas como pisar descalza un lego.

Últimamente la frase "a mí qué me importa" me hace sentir feliz, veo a las personas con todas sus carencias (como yo) y todos sus defectos desde otro ángulo. Los considero poseedores de sus consecuencias sin que me ponga a pensar en el futuro del niño que tenía la espalda como "C".

Dejar de juzgar y criticar me libera del "perfeccionismo social" con el que crecimos todos viendo esos programas de TV en donde la vida es hermosa y sin defectos, o esas revistas en las que las mamás son perfectas en todos los sentidos. Ahora considero que cada uno tiene sus morrales llenos de errores y aciertos y carga con su propio manual para educar a sus hijos. Lo que yo considero bien para los míos puede ser un auténtico "maltrato infantil" para otros. Yo por ejemplo creo que los niños necesitan obligaciones desde que pueden hacerlas, y otro dirá que ¡¿para qué?! ¡Si toda su vida tendrán que trabajar!

En ambos casos está bien porque es lo que el padre considera correcto y si no resulta beneficioso entonces yo, que hago que mis hijos trabajen todos los días tendrán un futuro desastroso y en cambio la que no deja que su hijo se esfuerce porque trabajará toda su vida estará listo para la vida laboral y entusiasmado por poner sobre sus hombros responsabilidades que antes no tuvo o viceversa. En ambos casos, la otra mamá y yo, recibiremos los frutos de la educación que les inculcamos. Así de simple.

Ser padre es difícil y saber cómo, dónde, porqué, y cuándo hacer las cosas es un albur. Nadie se gradúa jamás y reprobamos constantemente las lecciones que creímos haber aprendido.

Pensar en los nuestros, en esos que Dios nos confió nos concentra en el presente y nos hace más conscientes de nuestros errores y también de nuestros triunfos; porque también los hay, sin duda alguna.

¡Y que viva lo que nos incumbe!

La miel y el limón de la maternidad

No soy yo, es el DRAGÓN que vive dentro de mí

Eso le digo a mi esposo una vez al mes, es como si me saliera lumbre de las orejas, hasta se me hace difícil expresarlo con palabras, pero la verdad me transformo.

En los últimos meses he optado por advertirle a mi esposo que el dragón está por salir que tenga precaución con lo que hace. Con lo que dice. Con lo que ve. ¡Con lo que oye! etc. ¡¡Con TODO!! y es que las malditas o benditas (no sé ni cómo referirme a ellas) hormonas me ponen desquiciada. Hasta he pensado que ese estado es mi verdadero yo, y Dios que es todo piadoso me transforma la mayor parte del mes para que mis hijos puedan respirar en una atmósfera de relativa paz.

Yo misma me sorprendo de la manera en la que mi actitud cambia según mi día del mes, si son mis días "normales" y Leonardo vació el galón de leche en el mantel, hasta canto la bendita canción de *Clean-up* y todo es felicidad mientras secamos el chorro de leche que escurre hasta el suelo y veo con diversión como mi perro la saborea lamiéndola del suelo. Todo es armonía y paz. Pero si son esos días en los que el dragón se hace presente basta que Leo derrame unas gotas en el mantel (que ya estaba súper sucio) y sienta cómo se me empieza a erizar la cabellera justo como a los gatos. No me he visto en un espejo, pero estoy segura de que mis pupilas se dilatan y levanto tanto las cejas que se me forman pequeñas "lonjas" en la frente. Si mi perro se acerca solo alcanzo a gritar con una voz de ultratumba ¡NO, LULA! ¡Vete de aquí! ¡Allá tienes tus croquetas!

Ya sea Leonardo, Diego o Sebastián (o al que le toque mi *momentus* de dragón) solo encaja la cabeza en el cuerpo tanto que su cuello desaparece por completo, levanta las cejas hasta el nacimiento de su cabello y solo espera con resignación como la lumbre que sale de mis orejas lo consume y mis gritos le hacen recordar que esos días no hay canción que cantar.

Durante esos días, mis noches acostada en la cama antes de dormir, son más difíciles. Mi corazón sufre más. Les pido más disculpas a mis hijos y a mi esposo. En resumen, me siento más culpable. Esos días son difíciles para todos. Especialmente para mis hijos que no saben de hormonas, menopausia o en resumen de la vida y estado de ánimo con el que tenemos que lidiar todas las mujeres. En lo que respecta a mi esposo ya sabe "torearme" y simplemente se retira en silencio y me deja "enroscada" hablando sola y peleándome conmigo misma.

En esos días me acurruco más tiempo con ellos mientras están dormidos. Tal vez lo hago porque siento que eso aminora mi sentido de culpa, ya que los pobres, a veces, se convierten, en estos sus años tiernos, en presa fácil de los altibajos de mi carácter.

Algunas veces me consuelo yo sola y digo: bueno, cuando tengan novia o se casen tendrán que lidiar con su "propio dragón" así que está bien que se vayan entrenando. Pero solo son palabras de consuelo porque muy dentro de mi corazón sé que nada ni nadie me da el derecho de dañar emocionalmente a los que más amo en este mundo.

En conclusión, solo me queda decir que, poco a poco, he podido domar al monstruo y aunque hay días que simplemente no puedo controlarme, he aprendido a respirar muy profundamente (como cincuenta veces) y a retirarme del lugar de los hechos.

Estar en silencio y sola me ayuda a recordar que mis tres chaparritos están a mi merced, y aunque al salir de mi "cueva" no cante la dichosa canción para limpiar, al menos intento no dejarlos "carbonizados" con el fuego que salió de mis orejas.

Aunque me quejo mucho, tengo el mejor trabajo

¿Y cómo no va a ser el mejor? Si estoy al cuidado de las personas que más amo en este mundo. Sí, soy empleada de tres chaparritos que me aman igual que yo a ellos. Mis patrones me aceptan tal y como soy. A veces, ando despeinada, sin bañar y en pijama, y eso a ellos no les importa. Igual me abrazan y besan como si fuera yo la ejecutiva más atractiva del mundo. Otras veces, (cuando me da el tiempo) me pongo guapa y ellos, mis "jefes" siempre me dicen ¡WOW! ¡Qué bonita te ves! ¡¿Qué jefe te dice eso?! O bueno, si me lo dijera no creo que lo aceptaría con tanto gusto como con el que recibo el cumplido de uno de mis hijos.

En mi empleo actual tengo días en los que simplemente no quiero hacer nada. Me levanto y decido no preparar comida. Me voy y compro un pollo rostizado y mis "patrones" se lo comen con un gusto enorme. No me andan diciendo que por qué no preparé esto o lo otro. Yo tengo el poder de decidir qué van a comer ese día y ellos tienen la obligación de comérselo. ¡Qué lujo tener este empleo!

Mis "superiores" nunca me reclaman nada. Y si lo llegan a hacer, basta con que les levante una ceja en señal de: ¡Piensa bien lo que me vas a decir!, para que ellos se retracten inmediatamente y me digan: ¡Era broma, mamá! ¿A poco te la creíste? (Aunque yo sepa que era en serio). Solo en este empleo tengo el privilegio de regañar a mis jefes. Tengo la fortuna de poder moldear sus actitudes y como los conozco muy bien también tengo la bendición de saber sus debilidades y fortalezas más de lo que ellos se lo imaginan.

Mi trabajo es fácil. Basta con entregar todo el amor con el que mi corazón cuenta, no tengo que hacer ningún esfuerzo. Veo a mis "patrones" con tanto cariño que no me cuesta pasar uno (o muchos días) lavando y doblando sus calzones.

Soy verdaderamente afortunada. Mi oficina (o sea mi hogar) está como yo decido. Acomodo las cosas como mejor me parece, organizo como yo quiero, y hago lo que decido es mejor para todos. No tengo que esperar a que mi jefe me autorice tal o cual cambio en mi rutina laboral. En este trabajo, yo la empleada soy la que pongo las reglas y mis tres pequeños jefes las tienen que seguir.

En estos años, o sea, en los años en que ellos son niños y su infancia todavía está bajo mi protección y cuidado, tengo un poco más de control sobre la vida de mis tres cachorritos. Después, tal vez después empiecen a no necesitar tanto de mis servicios. O más bien mi tipo de trabajo cambiará. Probablemente ya no vayan a necesitar que les enjabone bien las rodillas y los codos o que cheque que la playera que se pusieron no tenga la etiqueta en el cuello. Un día oiré que le bajan al escusado y me sorprenderé de saber que por primera vez no escuché el eterno ¡MAMÁ, ya terminé! En ese momento diré ¡listo!

Punto tres mil cuatrocientos cuarenta y seis (de los ocho mil trecientos doce que tienen que hacer): aprender a limpiarse después de ir al baño: *Check*

Cuando nos sentamos en la mesa y platicamos de su futuro siempre les digo que busquen un trabajo que harían aun sin un peso de paga, una profesión que los haga tan felices que todos los días se sientan bendecidos de poder ejercerla. Una carrera universitaria que los lleve a desempeñar el trabajo que hará que sus minutos y horas en la oficina, en la fábrica, en las juntas, sean tan breves que no sientan el paso del tiempo, pero, sobre todo, deseo que hagan eso que les llene el corazón de satisfacción, y que por la noche se acuesten pensando cómo hacerlo mejor, cómo dar más cada día. Cómo dejar huella en lo que hacen, para trascender en eso que eligieron hacer.

Sin duda y también sin elegir tengo la mejor profesión. ¿Planeé algo diferente en mi pasado? SÍ. ¿Me vi haciendo otra cosa en mi futuro? SÍ. Pero Dios y la vida me pusieron en este puesto. En el que tengo a mi cargo vidas, sueños por cumplir, futuros inciertos y corazones llenos de ilusiones. No era lo que tenía en mente, es cierto. Pero no me quejo, si quería un puesto importante lo tengo. No existe otro puesto más trascendental que este que se hace cargo del futuro de alguien más. Además, no hay reemplazo en mi "posición laboral", no existe otra YO que pueda reemplazarme. No hay nadie más en este mundo que dé el 100% por estos jefes que me tocó atender.

Y, por si fuera poco, mis patrones tienen la fortuna de saber que yo no estoy sola en esta enorme tarea. Cuento con un socio que me apoya y me anima cuando no veo que las cosas van saliendo como yo quisiera, mi socio me llena de esa tranquilidad que solo tu pareja te puede dar. Me echa porras cuando hay días malos y siento que todo lo hago mal. Cuando veo que las cosas no van saliendo bien, cuando me siento triste o cansada o cuando por las tardes me urge un descanso, él sale "al quite" para terminar de atender a estos tres patrones que acabaron con mis pilas antes de que el sol se metiera. Además, me escucha atentamente (o al menos eso creo) y me dice si mis preocupaciones son tan malas como yo creo o simplemente me estoy dejando llevar por la fatalidad.

Hay días malos, claro que sí. También tengo semanas malas. Sin embargo, por mi cabeza nunca pasa la idea de ser despedida. Siempre tengo una segunda, tercera, cuarta, quinta, etc. oportunidad de revindicar lo que considero hice mal. Prácticamente todos los días puedo intentar mejorar mi desempeño laboral y estoy muy consciente de eso porque no existen ilusiones de repuesto ni refacciones que arreglen un corazón o ilusión rota por mí, por eso, mi trabajo es tan trascendental. Puedo impulsar o destruir en un segundo los sueños de lo que más amo en este mundo. ¡¿En qué trabajo tienes este tipo de responsabilidad?!

Y, para terminar, por cada día que desempeño mi labor con todo el amor que mi defectuoso corazón puede tener doy gracias infinitas a Dios y por poder compartir esta aventura de la vida llamada PROFESIÓN DE MAMÁ con el mejor y único ser humano que podría poner equilibrio en este caos que juntos hemos formado llamado familia: Mi esposo.

Mientras mis "pollos" estén bajo mis alas voy:

⦿A llevarlos a natación, pintura, béisbol, soccer, etc.

⦿ peinarlos con mi baba justo cuando me doy cuenta de que van con un gallo a la escuela.

⦿ A pedirles que mastiquen con la boca cerrada.

⦿ A olerles la cabeza para checar si se bañaron bien o solo "por encimita".

⦿ A acurrucarme en su cama cuando ni siquiera se den cuenta de mi presencia.

⦿A llevarlos a misa y a Catecismo.

⦿A elegirles su atuendo de domingo.

⦿A orar con ellos en la mesa antes de comer.

⊛A tomarles su carita con mis manos, mirarlos a los ojos y decirles: ¿sabías que eres lo más hermoso que me pudo pasar?

⊛A gritarles "Dios te bendice" cada vez que se van a la escuela.

⊛A checarles los dientes (y el aliento) para ver si se cepillaron bien.

⊛A decirles una y mil veces que repitan nuestra afirmación diaria "yo soy un niño sano, fuerte, feliz, inteligente y triunfador".

⊛A buscar una y mil maneras de crearles hábitos para cuando yo ya no esté presente.

⊛A enseñarles el importantísimo valor de la Honestidad.

⊛A llevarlos a todas sus actividades, aunque muchas veces me pesen los pies y en mí, el ánimo de moverme esté ausente.

⊛A acostarlos temprano para evitar que el siguiente día sea una pesadilla.

⊛A hablarles de Dios y decirles todas las noches que tener un techo, comida, ropa y una familia a tu alrededor es una bendición de la que carecen muchos niños y que hay que agradecer para que cuando yo ya no esté presente, ellos, sentados en la cama de sus hijos por la noche repitan lo que mi corazón les enseñó... Mientras estaban bajo mis alas.

Yo creo que soy ÚNICA

Quisiera ser una mamá como TODAS las demás. De esas que jamás se quedan dormidas por la mañana. Que nunca gritan. Que siempre tienen paciencia. Esas que todas las noches sin excepción les cuentan un cuento a sus hijos y los acuestan a tempranas horas sin regaños y apuros, solo con un beso en la frente y música clásica para el desarrollo de su cerebro.

De esas que están al pendiente de todo en tiempo y forma. Que jamás tienen el cesto de la ropa a reventar y más de una vez han tenido que escarbar en las toneladas de ropa sucia un par de calcetines porque sus hijos ya no tenían limpios. Pero no. Yo no soy como todas. Yo soy diferente, ¡Única, tal vez!

A mí, se me olvida que mis hijos tenían examen. Yo, me he despertado tan tarde que los pobres han tenido que hurgar en el refrigerador un yogurt o una rebanada de jamón esperando que eso les calme el hambre hasta que me levanto un sábado por la mañana. Yo soy distinta. Mis hijos tienen que lidiar con mis gritos de vez en cuando y saber que si levanto las cejas es señal de alarma. O, que cuando estoy cansada es su día de suerte para ellos porque comerán pizza o hamburguesas obviamente no hechas por mí. Así soy yo. Intento algunas veces (sin ningún éxito) ser como las demás, que mis hijos estén vestidos, peinados, aseados perfectamente, pero no, los míos no están así, si se nos hace muy tarde un día y mañana tienen escuela, les digo, a ver, déjame te "huelo" la cabeza, o, levanta tu bisagrita (su brazo, así les digo yo) si no huelen a nada o su olor es "aceptable" les digo: así duérmete, ni modo, ya es muy tarde, y sí... se van a la escuela SIN BAÑAR.

Hago lo posible porque así sea, pero algunas veces mis hijos se han dormido sin cuento ni beso de buenas noches. Hay días en los que estoy cenando y solo les digo, váyanse a acostar, ahorita voy a darles un beso y a leerles, aunque mi verdadera intención es que se queden dormidos, y por la mañana decirles simplemente: ¡qué bárbaros! ¡Fui a leerles y ya estaban dormidos!

Sí, también les he mentido y así podría seguir platicando la triste historia de la vida de mis hijos con esta mamá que es diferente a todas. Quizá le faltó o le sobró algo. Muchas veces se pregunta si tiene la capacidad de poder guiar y cuidar a esos seres pequeñitos que Dios le prestó. Soy esa mamá que ningún niño querría, porque grito, lloro, me desespero y también me quejo, pero sea lo que sea, y aunque parezca "desdichada" la historia de mis hijos, tengo la esperanza de que si les ofrecieran un cambio de mamá ellos responderían muy contentos: *No gracias, con la que tenemos estamos bien.*

¡Y que vivan las mamás raras como yo!

Y al final soy como WALL-E

¡Rápido, apúrense! ¡Ya es tarde! ¡Súbanse ya a la camioneta! ¡Ponte chamarra! ¡No olvides la mochila! ¡Guarda a la Lula en el baño! Es como si fueran letanías lo que recito todos los días antes de salir de la casa. Pienso que una grabación sería más práctica. Igual repito siempre ¡LO MISMO! Aun así, cuando llegamos a la natación con once grados centígrados Diego me dice:

—¡Mamá, no traigo zapatos!

—¿Qué? ¿Te subiste SIN ZAPATOS? ¿Sin tenis? ¿Sin chanclas? ¡¿DESCALZO?! —le pregunté. Como si preguntando MUCHO él fuera a contestarme: *No te creas. Sí traigo.* Sin embargo, no. Nada cambió.

—¡Es que tú nos apuraste mucho! —me dijo según él muy molesto.

—¡O sea, fue mi culpa!

Cuando voltee a verlo y él vio mi expresión solo dijo:

—No te preocupes. Así me bajo —y efectivamente ASÍ descalzo se bajó de la camioneta. Y yo, por supuesto le grité.

—¡No! ¡Súbete, vámonos! Ya no vas a venir porque hago media hora en ir y venir de la casa, así que hoy no entrenas.

Mientras yo decía todo eso, él ya había corrido a toda velocidad a la alberca. ¡Obvio que iba a correr! Yo en su lugar hubiera ¡FLOTADO! con esa temperatura.

Pues fui a la casa. Recogí sus zapatos y regresé. Cuando llegué ya traía dormido a Sebastián y como no lo quise bajar le hablé a una amiga que estaba en la alberca y le pedí que saliera por ellos. Ya había transcurrido casi una hora porque no me queda cerca la natación, así que Diego no tardó en salir. Cuando se sube a la camioneta venía ¡DESCALZO! Y yo, ya estaba medio verde del coraje.

—¡¡¡¿Y tus zapatos?!!! ¡Te los mandé con Edith! (mi amiga) y solo contestó muy tranquilo. ¡Ah, sí! No los necesité... Lo único que hice fue respirar profundamente y cerrar mis ojos. Solo pedí con mucho fervor paciencia, esperando que Dios siempre me ayude a recordar que lo amo a pesar de...

***

En otra ocasión estaba muy entretenida cortando tomate y como siempre "Don Magdaleno" (o sea Sebastián) estaba llorando porque no lo traía en brazos, como tenía que hacer comida lo dejé que sufriera el calvario de llorar unos segundos mientras terminaba de picar la verdura. Yo traía puesto un pants de esos aguaditos y a

Sebastián le pareció buena idea usarlo de escalera para subirse a mis brazos.

Jamás logró subir, pero sí logró que mis pants bajaran hasta el suelo. Me los levanté una o dos veces hasta que supe que de todos modos me los volvería a bajar. No podía estar subiéndomelo con tomate, cebolla y calabaza en las manos, así que me rendí y continué mi actividad en calzones. Sí, en paños menores terminé de picar las verduras mientras pensaba que si alguien me estuviera viendo no sabría si llamar a la policía por maltrato infantil o a salubridad por cocinar en ropa interior.

***

Estaba haciendo la tarea con Leonardo y le explicaba que en la respuesta tenía que poner si sumaba gatos o perros. Le decía que no podía "mezclar". Tenía que poner solo una cosa. Él, muy pensativo se me quedó viendo y sin voltear a ver la hoja escribió: tengo ocho mascotas. Me dejó muda.

***

Una mañana mientras íbamos a la escuela Diego me hizo esta pregunta:

—Mamá, ¿cómo son los niños PROFETA?

Yo hice uso de mi archivo cerebral y le expliqué como Dios me dio a entender y de la mejor manera posible que eran niños que habían nacido con algún "don" como el de los profetas de los que habla la biblia y *bla, bla*. Su cara era de confusión, pero me dejó hablar hasta que me interrumpió y me dijo:

—¿Qué no son esos niños que tienen esas mamás que no tienen esposo o que no pueden tener hijos? Fue cuando me cayó el veinte: él se refería a ¡LOS NIÑOS PROBETA!

***

Estábamos en un alto y le dije a Leo: Si no estudias cuando seas grande vas a estar en un crucero pidiendo dinero. Él muy contento me contestó: ¡*Yuju*, qué padre! ¡De vacaciones!

***

Era día de limpieza general y le pedí a mi esposo si podía encargarse de los zapatos de los niños. Al cabo de un rato, me di

cuenta de que estaba muy entretenido limpiándolos con la esponja de
¡los trastes!

***

Leo vomitó durante la noche y por la mañana me dijo Diego:

—No te preocupes, mamá, ya metí las sábanas a lavar —me
derritió con su ayuda. Pero no pude dejar de pensar cómo iba a
quedar la lavadora después de lavar las sábanas sin sacudir ni quitar
todo primero.

***

Leonardo recogió su cuarto en dos segundos. Me sorprendió de
verdad, sin embargo, me duró poco mi emoción cuando me di cuenta
de que absolutamente todo el desorden lo metió en un cajón. ¡Sí!
TODO. Ropa, libros, vasos, colores. Hasta encontré galletas y un
calzón sucio. Cuando descubrí su secreto, se atrevió a decirme:

—¡No sé quién puso eso ahí!

***

A veces, mi paciencia se acaba. La busco, pero pareciera que me
abandonó para nunca regresar. He intentado contar hasta diez,
veinte, treinta, cien y nomás no aparece. Cuando de repente se me
acerca Diego y me dice:

—Mamá, ¿por qué seré un niño tan feliz? Digo, yo sé que otros
niños también son felices, pero a mí se me nota.

En ese momento, mi "tanquecito" de amor, paciencia y
entrega, se llena al *full*. Y de nuevo como Wall-E en la película, se
me cargan las pilas y sigo siendo o al menos intentando ser la mamá
que se merecen tener.

¿Por qué hago siempre lo urgente y dejo lo importante para después?

Siempre que veo un perro callejero le digo a mi esposo, *mira amor
ahí va el muy apurado quién sabe a dónde*. No sé si te ha tocado ver

alguno, pero fíjate bien y veras que así andan por la calle, según ellos ¡muy atareados!

Me encanta verlos, porque pareciera que traen un reloj en su pata y su alarma les gritara que ya van tarde. ¿A dónde? ¡No sé! ¡Ni ellos saben! Pero ahí van ellos como si fueran a llegar tarde a alguna cita. La realidad es que no tienen ninguna cita. Nadie los está esperando. El camión no los dejará. La tienda no cerrará y si no se apuran el veterinario no los recibirá. Nada de eso les sucederá. No sé porque no van despacio y disfrutan de su paseo sin sentido de la urgencia que al final de cuentas no existe para ellos.

Yo, a veces, me siento como uno de esos perros callejeros. Me despierto por la mañana, apurada. Hago desayuno, apurada. Levanto a los niños, apurada. Los envío a la escuela, apurada. Me baño, apurada. Hasta voy al baño, ¡apurada!

Si tengo suerte (porque a veces no le permito hablar) y dejo que mi yo interior me hable escucho muy claramente que me dice: ¡Adriana! Pero, ¿por qué estás corriendo? ¿A dónde vas? ¡No tienes nada urgente que hacer!

Todo lo que tienes que hacer es I—M—P—O—R—T—A—N—T—E, pero ¡No urgente! Aprende a respirar y no contagies a tus hijos con tu ¡activismo sin razón!

Algunas veces, estoy tan apurada que siento que las papas en el sartén son lentas para cocinarse. Hasta les hablo y les digo: ¡Ay, Dios mío, pero a ustedes ¿qué les pasa?! ¿Por qué siguen todavía duras? Como si las papas me fueran a contestar, *discúlpanos, la próxima vez nos apuramos más.*

Por mis apuros me he pegado más de mil veces en mi pobre dedito meñique del pie y luego yo misma me regaño: *Ándele, se lo merece por andar corriendo...* O sea que hasta auto-regañada resulto.

Así es mi vida: como si el conejo de *Alicia en el país de las maravillas* viviera dentro de mí.

Lo peor de todo esto no es la velocidad. Es lo que transmito a mis hijos. ¡Es esa urgencia de no sé qué!, que los enseña a engullir y no a comer los alimentos. Es ese remojo que se dan y no el baño que deberían de tomar. Es ese helado que aspiran y no saborean. Es la tonta idea de que ser lentos, reflexivos y tranquilos en la vida es sinónimo de fracaso.

Es crecer con la idea errónea de que si no corres te atropellan. Sería más fácil que todo lo vieran y no solo que lo escucharan. Si me ven corriendo, por mucho que intente decirles que en la vida no hay que correr como esos perros callejeros, ellos se quedarán con mi ejemplo.

Algunas veces, logro percatarme de mi apuro me detengo y me pregunto. Y si no lavas esos tapetes hoy ¿qué va a pasar? Y si no alcanzas a comprar la leche para que cenen, ¿qué sucederá? La respuesta, la mayor parte del tiempo, es ¡NADA! Ni los tapetes desaparecerán mañana, ni mis hijos morirán porque un día no tomaron leche.

Todos los días pido a Dios sabiduría para darle importancia a lo que debo de dársela. Para que me dé dirección en mi vida y me ayude a no convertirme en uno más de esos perros muy apurados que vemos por la calle sin ningún propósito de vida más que el de correr.

Si Dios hiciera un instructivo de mí

Tiene usted en sus manos el manual que le ayudará a entender y comprender a una mamá.

Ponga mucha atención porque esto le puede salvar la vida.

Modelo: 1980

Garantía: limitada por cien años (o hasta que la paciencia se agote).

Este producto debe usarse solo de acuerdo con las especificaciones dentro de este manual. Usarlo de una manera diferente a lo indicado puede ocasionar lesiones severas.

1. No intente que funcione correctamente todos los días. Habrá algunos días en los que simplemente no querrá ponerse en marcha. Tenga paciencia, muy pronto volverá a su ritmo.

2. Procure comerse y agradecer todo lo que prepare. Piense que pasó gran parte de la mañana picando y pelando zanahorias y papas y viendo la manera de esconderlas en la hamburguesa para que usted y sus hijos se la comieran sin darse cuenta de su contenido.

3. No intente de ninguna manera pisar donde acaba de trapear o derramar cereal en donde acaba de barrer. Si eso sucede corra rápidamente y limpie su propio desorden.

4. Este "producto" necesita recargar "las pilas". A continuación, le mencionamos algunas maneras en que puede hacerlo:

> *4a. Dele tiempo libre y a solas (aunque sea en el baño). No esté tocando a la puerta y preguntando en dónde está el suéter que no encuentra o si pagó o no el recibo de la luz. Espere a que salga y no siga interrumpiendo.*

> *4b. El sábado y domingo no la ponga a funcionar hasta después de las 11 a.m. Y tampoco espere que cocine de manera saludable esos días. Si quiere que verdaderamente recargue las pilas, compre comida, desayuno y/o cena o mejor aún vayan a un restaurante. Esto último le garantiza un mejor humor durante la semana.*

> *4c. Por si no lo ha notado este producto tiene cabello, uñas y cuerpo que necesitan de cuidado continuo. Dele tiempo de que mantenga todo en su lugar y en buena forma. Aunque, a veces, vea que los resultados de las horas en el gym no son muy exitosos, créame, un tiempo para ella hará que, aunque sea el corazón se ejercite y eso es de gran ayuda para toda la familia.*

> *4d. Es muy importante que no falten las vacaciones. Si usted no toma vacaciones con ella por lo menos una vez al año tiene el riesgo de que la garantía que antes mencionamos no sea válida.*

5. Este producto es, a veces, complicado y difícil. Una vez al mes es mejor que tenga sus precauciones al momento de pedirle algo. Tenga paciencia y piense que pronto pasará.

6. Jamás dude de su talento para dar, aunque necesita recargar pilas para funcionar perfectamente tiene una capacidad enorme de sobrellevar lo imposible. Nunca dude de su tenacidad para lograr que a quienes más ama se conviertan en personas de bien. Note que siempre estará comprometida a lograr que lo que parece imposible para muchos será posible para ella por el simple y sencillo hecho de que ama con la intensidad que solo una madre puede amar.

Nota importante: Espere siempre lo mejor de ella porque así será. Tiene en sus manos el motor de la familia, cuídelo y conviértase en la gasolina que la haga funcionar. Si la mantiene en buen estado le garantizamos una vida llena de armonía y bendiciones.

Aviso: Este producto ha sido sometido a pruebas y cumple con los requisitos de la Comisión Federal de Dios. Si durante el periodo de garantía se encuentra que el producto es defectuoso, repararemos o reemplazaremos las piezas defectuosas sin ningún costo.

Advertencia: Descuide. Lo último jamás ha pasado. Todas las mamás que enviamos a la tierra llevan la capacidad exacta para amar más allá de lo que las palabras puedan expresar.

Darles muchos besos al amanecer a tus hijos... te conviene

Sonó el despertador a las 5:00 a.m. Me desperté como siempre y mi esposo preparó café y nos pusimos a leer. Usualmente leemos la biblia y luego el libro de nuestra preferencia. Cuando se llegan las 6:30 empiezo a armarme de valor y paciencia y entro triunfante (o al menos con una buena actitud) al cuarto de mis hijos a levantarlos para iniciar el día.

Empiezo abriendo las cortinas y poniéndoles música, (pongo lo que está de moda y les gusta en esos momentos). Luego me acurruco con ellos y les doy muchos besos. Ellos empiezan a darse cuenta de que ya amaneció, pero se rehúsan a abrir los ojos, así que los lleno de cosquillas y poco a poco se van despertando. Sí, se requiere de mucha pero mucha paciencia porque me sería mucho más fácil quitarles las cobijas, prenderles la luz y decirles: *Ya es hora de levantarse, apúrense que se hace tarde.* Pero, si hago eso (porque si lo he hecho), el día es un desastre. Será superstición. Será suerte. Será lo que sea. Pero así me pasa.

En cambio, cuando comienzan su día con mis abrazos, besos y cosquillas, todo fluye, tengo la idea de que lo que comienza bien, acaba bien, y esto lo aplico en todo. Así que estoy convencida de que si el día de mis hijos lo inician con amor y con risas será un día bueno para ellos y para mí que no tendré que aguantar su mal humor.

Algunas veces, Diego, particularmente, despierta de pocas pulgas (como les digo cuando andan de mal humor) y solo me limito a decirle: *Diego, con esa actitud solo lograrás que tu día sea malo. Trata de cambiarla y verás la diferencia...*

Tengo en mi alarma una frase con la que despierto todos los días y de alguna manera me anima: "HOY ES UN DÍA MARAVILLOSO" —dice mi teléfono todas las mañanas— la verdad no tengo idea de que así vaya a ser, pero me emociona pensar que algo diferente, extraordinario, algo inesperado, algo nuevo podrá suceder. Creo que lo importante aquí, es estar receptiva. Por ejemplo, por la noche acostada hago recuento y digo, *pues hoy no fue así como súper maravilloso*. O sea, no me pasó nada trascendental. Sin embargo, si pongo atención recuerdo que ese día, en nuestro patio pasaron dos venados. Una familia de conejos y una rana asustó tanto a Leonardo que brincó como si hubiera traído resortes en los pies. ¡ESO! Eso fue lo maravilloso de ese día. Saber que mis hijos pueden tener contacto con la naturaleza, ni más ni menos que, en el patio de su propia casa, no tiene precio. Si me concentro y busco. Siempre encuentro.

Hay días que yo les llamo ordinarios. De rutina, pero en realidad no existen esa clase de días teniendo tres hijos a mi alrededor, con ellos siempre hay algo diferente.

¿Me conviene ser amorosa con ellos? Sí. ¿Me conviene acurrucarme unos minutos por las mañanas en su cama y que me sientan abrazarlos? Sí. ¿Me conviene que sus primeras palabras en el día sean risas? ¡Claro!

Esas acciones de mi parte hacia ellos les preparan el terreno y el escenario en el que vivirán ese día. Marinarlos con amor hace que estén listos para los retos que se les presentarán y los hace más resilientes en momentos difíciles. Mi demostración de amor por ellos en las mañanas me conviene a mí también, porque hacen sus obligaciones de buen humor. Se visten más rápido (si no, les hago más cosquillas). Desayunan con mejor actitud y en general todo fluye de mejor manera. Por eso no me da pena reconocer que, algunas veces, mi amor por mis hijos es AMOR POR CONVENIENCIA.

Segunda parte

Vida en familia

Desde la caída del primer diente combinado con el caos diario y nuestras danzas nocturnas pasando por nuestra aventura de emigrar a un nuevo país hasta mi fallido intento de ser proactiva al momento de bañar a mis hijos es lo que resume este capítulo. Los escritos que lo forman están llenos de días buenos y días no tan buenos. De experiencias que me cambiaron la vida y la forma de verla.

Yo creo que si hago una analogía de lo que reflejan este conjunto de páginas bien podría decir que se parece a la capirotada, sí, el típico plato de cuaresma. Lleno de todo. Con un sinnúmero de ingredientes que van desde lo dulce hasta lo salado pero que sin duda satisfacen al paladar.

"Vida en familia" es la realidad en su máxima expresión, no tiene filtros como en las fotografías que publicamos en Facebook o Instagram, tampoco hay manera de devolver el tiempo y repetir lo que pienso podría haber hecho mejor, es más bien la descripción de lo ordinario visto con los lentes de lo extraordinario, aquí no hay segundas tomas. Intenté plasmar la vida tal y como llegó. Estoy segura de que encontrarás similitudes con tu vida y para mí es inmensamente consolador saber que alguien en la distancia padece, padeció o padecerá lo que aquí te platico. Conectarnos a través de este libro me alegra enormemente.

Alguna vez escuché que la maternidad te puede hacer sentir como un corcho flotando en medio de un inmenso mar, pues yo quiero que sepas algo: me llena de una enorme paz y complicidad saber que al menos somos muchos los corchos flotando en el mismo mar.

Lo que hago todos los días

A veces, parece poco, pero el proyecto es muy grande.
Te lo dice una mamá.

Un ladrillo a la vez hasta terminar la catedral

Si perdemos el sentido de lo que estamos haciendo y nos dejamos llevar por la pesadez, la rutina, el cansancio, de pronto, un día no sabremos para qué hacemos, limpiamos, atendemos, criamos y enseñamos todos los días de nuestra vida a nuestros hijos.

Haciendo todos los días un poquito de lo que nos toca estaremos armando lo que será el futuro de la humanidad.

¿Te has dado cuenta de que en nuestras manos está el futuro doctor, la eminente abogada o el próximo atleta que batirá todos los récords mundiales? Sí, de ese tamaño es nuestro legado en este mundo. Estamos formando los pilares para la nueva sociedad. Esta generación que muchos ven perdida y sin rumbo. Yo en cambio veo lo contrario, veo esperanza en mis hijos, y los hijos de muchas mamás que todos los días se levantan con la firme intención de poner un ladrillo más en la catedral que están construyendo.

Yo visualizo a mis hijos a lo grande. No como alguien famoso o haciendo algo extraordinario. Los imagino felices. Sí. Felices a LO GRANDE. Porque estoy convencida que si logras ser feliz en toda la extensión de la palabra trascenderás en esta vida.

Una persona plena puede dar más, ayudar más, aprender más, en fin, aportar en vez de restar.

Algunas veces, mientras cocino, lavo ropa o estoy tallando la tina del baño, me pregunto, ¿qué aportas a la vida de tus hijos alimentándolos correctamente y matándote todos los días para que vayan a natación, teatro, clases extras de matemáticas y las mil actividades vespertinas? Mi yo pesimista y quejumbroso me dice: ¡NADA! ¡Pobre de ti! Eres una sirvienta.

Sin embargo, hay otra parte de mí que piensa lo contrario. Piensa que lavar y doblar ropa no es algo aislado. Llevar o traer hijos todo el día y sentirse un auténtico taxi para que no falten a cada clase y actividad, es parte de un todo.

Cada pequeña acción es el "ladrillo" que los va construyendo. Aun proponiéndomelo no podría darle el justo valor a lo que hago todos los días. Yo sé que no puedo asegurar que, como mis hijos tienden su cama todos los días y tienen obligaciones diarias (gracias a que se los he inculcado) su futuro será brillante. ¡Claro que no!

Pero, si junto cada pequeña cosa que hago para ellos, pensando en ellos, o simplemente atendiendo sus necesidades estoy contribuyendo un poquito a mi obra maestra, que en este caso son mis tres hijos.

Cuenta una historia, que un día alguien se acercó con tres canteros y le preguntó al primero:

—¿Qué haces?

—Nada, tallando este pedazo de cantera, que me pidieron.

Luego fue con el segundo y le preguntó:

—¿Y tú? ¿sabes qué harán con ese pedazo de cantera que estás tallando?

—¡No! —le contestó— ¡y no me interesa! Odio este trabajo tan rutinario.

Cuando llegó con el tercer cantero notó que éste tenía una actitud muy diferente así que le preguntó también:

—Y tú, ¿qué estás haciendo?

Con una enorme satisfacción contestó:

—¿Yo? ¡Construyendo una catedral!

Cuando escuché este relato pensé en qué puedo decidir si lo que hago todos los días es limpiar y ordenar y llevar y traer y alimentar a tres seres humanos que por azares del destino me tocó educar y cuidar. O puedo elegir pensar que lo que construyo es a un padre de familia, un ejemplo para mis nietos, un esposo comprensivo y en resumen un ser humano con principios y valores. Si hago eso, no hay forma que sienta que mi trabajo diario no es valioso.

Ser mamá es cosa seria. Nuestro trabajo no termina cuando nuestros hijos crecen. Al contrario. Cuando sean mayores veremos si lo que hicimos o dejamos de hacer tuvo algún impacto positivo o negativo en su vida y en la vida de sus descendientes. ¿De qué otra manera podría un ser humano trascender más?

Si en tus días malos sientes que no puedes más y que lo que haces no tiene impacto en la vida de nadie, piénsalo dos veces y recuerda que, construyes una catedral, pero para que el edificio se pueda elevar hay que acomodar ladrillo por ladrillo...

Está comprobado que la generosidad es la cualidad que más se asimila a través del tiempo

Había muchas personas, ese día había más de lo normal. No estaba haciendo frío, pero se sentía el ambiente triste y sin esperanzas. Fue uno de los muchos miércoles del año 2016 que fui a la Clínica 34 de cardiología de Monterrey a servirle a Dios.

Yo era parte de un grupo llamado Semillas de Fe. Este grupo se encargaba de alimentar a los familiares de los pacientes que estaban internados en ese hospital. Había muchos padres de niños pequeños (algunos recién nacidos) que estaban ahí en la espera de una operación de corazón o estaban en recuperación de una. Yo nunca había ido a un hospital a servir, pero de alguna forma mi guía del grupo de oración (al que asistíamos mi esposo y yo) me puso en contacto con Semillas e inicié con ellas esta labor.

Nunca hice partícipe a nadie de esto. Solo la gente cercana a mí lo sabía, e intenté mantenerlo si no en secreto, al menos no publicarlo. Se sentía bien ser parte de algo que me daba más a mí de lo que yo podía otorgar. Y es que siempre se enriquece más el que da que el que recibe. En esta ocasión (tres años después) escribo algo referente porque quiero compartirles lo que significó para mí ver a Diego — que en ese entonces tenía entre seis y ocho años— servir y darse cuenta no solo de lo bendecido que era si no de que afuera de su mundo relativamente perfecto existía otro en el que la gente sufre y tiene hambre y frío y sed y calor. Además de todo eso, que para él era normal recibir. Se dio cuenta de lo maravilloso que es servir y ver cómo la personas que nos acompañaban se comían con mucho agradecimiento lo que Dios les preparó a través de nuestras manos.

Con este escrito intento transmitir lo importante que fue para mí el hacer parte de esta actividad a mi hijo.

Te voy a contar un poquito en qué consistía y cómo lo hacíamos. Todos los lunes, Moni, que era la líder del grupo enviaba una lista de lo que se necesitaba para preparar la comida. Entre todas, (éramos nueve integrantes más o menos) y muchos, pero muchos donadores juntábamos los ingredientes.

Cada martes por la tarde nos reuníamos a preparar la comida y los miércoles a las ocho de la mañana cargábamos nuestros carros y nos íbamos al hospital. Hacíamos de todo. Si era Navidad o alguna fecha especial, llevábamos asado de puerco, picadillo con frijoles, ensalada de pollo o tamales. Nunca dejamos de ir, algunas veces iban unas, otras veces iban otras, pero siempre iba alguien. La intención era darles una comida completa. No solo un refresco y un sándwich. No menosprecio a las personas que hacen también esa hermosa labor y llevan burritos o sándwiches. Todo absolutamente todo es valorado. Pero nuestra intención era alimentarlos con algo más "sustancioso" porque estábamos seguras de que había personas que solo tenían esa comida en forma en toda la semana. Así que tratábamos de llevarles café, agua de frutas naturales, plato fuerte y galletas de postre.

Ese hospital es público y está especializado en cardiología. Hay pacientes de todas las clases sociales, pero, en su mayoría es gente de bajos recursos y muchos, pero muchos pacientes duran semanas y semanas internados. Como es un hospital de alta especialidad y es el único de este tipo en una región del país, ahí se concentran pacientes de todas partes.

Era común ver gente dormida en las banquetas o en los pasillos de afuera del hospital con sus maletas esperando que sus hijos salieran recuperados y pronto para poder volver a sus ciudades.

Hay un piso en especial que si me pongo a recordar todavía siento inmensas ganas de llorar. Era el piso cinco (creo). El de pediatría. Ahí estaban todos los niños y bebés en espera de su operación o recuperándose de ella. También estaban sus mamás. Muchas de ellas, solas y recién aliviadas. Algunas no habían cumplido todavía la cuarentena, pero estaban ahí, al lado de la cuna de su hijo, sentadas en una silla acompañando a ese pedacito de ellas que luchaba por vivir.

El primer día que serví me dijeron: "Bienvenida, te toca a ti ir a invitarlos a desayunar. Vas a entrar al hospital e iras piso por piso. Entrarás a los cuartos (que son compartidos) y les dirás que el desayuno está listo y calientito esperándolos en el patio del hospital. ¡Corre, ve!". Mi cara fue de ¿QUÉ? ¡¿Yo?! ¿Cómo? Pero nadie me contestó. Todas se pusieron cual hormiguitas a trabajar y preparar todo. Entonces dije: *Ok. Guíame Dios*. Respiré hondo y fui.

Llegué a cada piso y muy apenada solo les decía: *Buenos días, de parte de Semillas de Fe los invitamos a desayunar, abajo los esperamos.* Algunos ni me volteaban a ver. Otros me decían tanto con la mirada que me arrepiento de no haberme acercado a darles un abrazo de esos que no dicen nada pero que expresan mucho. Luego llegué al piso de pediatría. Llegar ahí y entrar a los cuartos con esas pequeñitas camas albergando tantos niños fue un parteaguas en mi vida.

Jamás, antes de ese día, había valorado con tanta intensidad la salud con la que nacieron mis hijos. Jamás había estado tan agradecida con Dios por la oportunidad que me dio de poder servir a esas mamás destrozadas de su alma y algunas otras con pocas esperanzas. Conocí de todo, había de todo, y ayudé en todo. Algunas veces, la mamá del niño o bebé internado estaba sola. Sí, sola. Recién aliviada. En una ciudad que no era suya. Sin conocer a nadie, sin dinero ni comida, sin una cama en donde descansar ni amigos ni nada, solo ella y su hijo.

Al inicio no me di cuenta de que había gente así. Pero un día le dije a una mamá: ¿Por qué no bajas a desayunar? Solo me contestó, no puedo. No tengo quién cuide a mi bebé. Fue entonces que me enteré de este tipo de situaciones. Moni me dijo que en esos momentos podíamos ofrecerles quedarnos a cuidar a sus bebés para que ellas fueran a comer o al baño. Así que me tocó acurrucar a algunos pedacitos de Dios que estaban en aquel hospital.

Ese primer día, llegué a mi casa desolada. Lloré tanto que todavía recuerdo ese momento. Cuando recogí a mis hijos de la escuela, los miré a los ojos y abracé tanto que estoy segura pensaron ¿qué le pasa a mi mamá? En la noche me dormí con ellos. Los contemplé mucho tiempo, quién sabe cuánto. Y todas y cada una de las cosas con las que contaba en mi hogar, —desde una toalla limpia hasta el colchón en donde se acostaron mis hijos esa noche— me parecieron un tesoro invaluable.

Después del aviso las personas bajaban y hacían fila. Nosotros llevábamos la comida en hieleras y les íbamos sirviendo. En general llevábamos para cien personas, pero había ocasiones en que eran más, muchas más. Fueron en esos días en los que mis ojos fueron testigos de ver cómo el alimento se multiplicaba. Exactamente como cuando Jesús multiplicó los panes. Con nervios nos preguntábamos

¿Cuánta comida queda? Sin embargo, Dios ya había calculado. Quedaba lo suficiente. Siempre quedaba lo suficiente.

Mientras comían, una de nosotras daba algunas palabras de aliento y hacía una oración. Algunas personas se unían, otras no, pero escuchaban atentos lo que Dios les quería decir a través de Moni o de la que estuviera hablando. Llevábamos también bolsitas con toallas sanitarias, cepillos de dientes y papel de baño, eran en general cosas de primera necesidad y se las repartíamos. Algunas ni siquiera eso tenían. Otras necesitaban dinero para regresar a su pueblo y los apoyábamos con el boleto. En fin, se les ayudaba con lo que podíamos.

Un martes Diego me dijo que quería acompañarme. Nunca pensé en llevarlo, pero le pregunté a Moni que si podía acompañarme y me dijo que sí. Ese día llegamos muy temprano, él estaba emocionado. Me ayudó a cargar cosas y aunque no entró al hospital a invitar, sí cargó (como pudo) mesas y puso manteles. A él le tocaba entregar las galletas de postre y servir vasos con agua para que la gente los tomara. Era muy eficiente y estaba muy feliz de servir. Intenté en esos momentos explicarle lo que estábamos haciendo y hacerle conciencia de lo bendecido que era. Me escuchó atento y siguió entregando sus galletas. Después de ese miércoles siempre que podía me acompañaba. No estoy segura, pero sin duda esa experiencia ha influido un poco en la persona que es hoy, los que lo conocen no me dejarán mentir. Diego tiene un alto grado de empatía y su nivel de madurez es muy elevado para su edad, al grado de que hay momentos en los que me sorprende. Tal vez nada de lo que vivió haya influido pero tal vez sí. A mí me gusta pensar que sí. Por eso animo a todas las mamás a que involucremos a nuestros hijos en actividades que los ayuden a crecer por dentro. Que desarrollen ese "crecimiento" que los médicos no checan pero que es más importante que el físico. Tener más grande el corazón y el alma nos permite ver la vida desde otra perspectiva y valorar aún más lo que algunas veces damos por hecho.

Además, nos hace personas más agradecidas con la vida y con Dios y algo que no puedo dejar de mencionar es que en ese tipo de ambientes llegas a conocer personas reales y auténticas, que te transmiten paz y seguridad. Moni fue y sigue siendo para mí una persona especial. Su vida está llena de bendiciones y no podía ser de otra manera.

Adriana, otra amiga que gracias a que le compartí mi actividad se unió a nosotros y hoy por hoy, es pilar en la asociación *Semillas de Fe*. Ella es y seguirá siendo mi ejemplo y modelo de mamá. Todas, incluyendo a muchas más que no terminaría de mencionar fueron y seguirán siendo luz en mi vida.

Todavía recuerdo algunas miradas de los niños y bebés que estaban ahí. Hubo uno en especial que me tocó el corazón, se llamaba Bruno. Tenía quince días de nacido y estaba recién operado de su corazón. Además, tenía neumonía y su estado era crítico. Su mami era una niña de unos dieciséis o dieciocho años que estaba solita en el hospital y era originaria de un pueblo cercano. A ella le ayudé a cuidar a Bruno mientras bajaba a desayunar. Un día le dije que si necesitaba algo me lo hiciera saber y me pidió que le llamara al papá de Bruno para avisarle que estaba muy malito. Así lo hice, pero al muchacho no le importó mucho. Ella estaba muy cansada y sin muchos ánimos. No era para menos. Ese día prometí a Dios que todos los días me despertaría a las 5 a.m. a hacer oración por Bruno y por su recuperación. Así lo hice, pero la voluntad de Dios no es la nuestra y un día recibí una llamada en donde la mamá de Bruno me decía llorando que su bebé había fallecido.

Me afectó mucho su partida porque fue un pequeñito al que acurruqué varias veces y vi sufrir también. Pasó el tiempo y su mamá me siguió escribiendo hasta que un día ya no supe más de ella.

Cómo esta historia hay varias y todas diferentes. Hoy, más de tres años después sigo sintiendo la necesidad de servir, pero ahora en este país con Leonardo y Sebastián incluidos. Solo que las cosas se me complican un poco porque Sebastián es un bebé todavía, así que por el momento soy instrumento de Dios aquí en mi hogar.

Deseo que todas las mamás tengamos la posibilidad de sembrar la semilla de la generosidad en nuestros hijos porque sin duda es una virtud que hace mucha falta en este planeta.

El "diario" que comparto con mi hijo: una idea más de comunicación

—Mamá, me gustaría poder preguntarte cosas que me dan pena— dijo mi hijo.

Entonces lo miré a los ojos y le dije:

—Y ¿si te doy la espalda sería más fácil para ti decírmelas?

—No, me sigue dando pena y además me da miedo de que me regañes...

—¿Y qué es eso tan grave que me quieres decir?

—No puedo decírtelo, ojalá pudiera...

Y entonces recordé una "técnica" que conocí en mi juventud mientras trabajaba como niñera en Canadá. Se trata de un cuaderno compartido, así que de inmediato improvisé uno para utilizarlo con mi hijo. En la primera hoja escribí:

Querido Diego:

Este es nuestro diario, solo tuyo y mío. Nadie más lo puede leer ni abrir, aquí podremos escribir TODO lo que queramos, sin miedo ni pena, en este "espacio" no hay regaños ni reclamos, es nuestra oportunidad de escribir con "el corazón", tú me podrás preguntar lo que quieras, y yo también a ti. Este "diario" estará en mi buró, siempre disponible para que escribas todo lo que sientes. Yo por las noches lo abriré y leeré y tú por las mañanas leerás mis repuestas y comentarios, siéntete libre de expresar todo lo que quieras y nunca dudes de lo mucho que te amo. Solo te pido una cosa, estas hojas no son para faltarnos el respeto, es una forma más de "hablar" entre nosotros y nunca olvides que la letra tiene que estar clara para que te pueda entender...

Atentamente,

Tu mami que te ama como todas las pulgas de todos los perros del mundo...

Y desde entonces es una forma más de poder comunicarme con Diego. No siempre me gusta lo que leo, pero al menos tengo la seguridad de que es real y sincero.

Las palabras amables y el amor nutren más que el brócoli

Hace poco supe de un terrible experimento que se realizó en el sur de Italia en el siglo XIII. Resulta que un emperador sostenía que la humanidad tenía un lenguaje innato. Este hombre no creía necesario que un niño escuchara una palabra para poder hablar.

Tenía mujeres que alimentaban, cambiaban y bañaban a estos niños, pero sin pronunciarles nunca una sola palabra. Nunca pudo descubrir el supuesto lenguaje innato. Todos los niños murieron antes de tener edad para hablar. El espantoso experimento confirmó lo que muchos estudios hoy dicen. Los niños no pueden sobrevivir sin palabras ni estímulos de amor. Ya que estos son tan necesarios como el brócoli, la carne y las papas.

También sé de otro estudio en el que se cuidaron dos plantitas. Una era regada y cuidada con amor y, además, se le hablaba. Sí, se le hablaba. Mientras que la otra simplemente era regada regularmente. Como era de esperase, la segunda creció muy poco y se secó. La primera todo lo contrario. Si eso sucede con plantas, ¡¿imagínate lo que pasa con nuestros hijos!?

Algunas veces me imagino que mi hijo es un invitado en la casa o que es el dentista, el cajero del súper o alguien ajeno a mí. Entonces pienso que jamás le gritaría al dentista y le diría: *¡OIGA! ¿Por qué tarda tanto en atenderme?* O algo como: *¡Tiene su consultorio hecho un desorden! Tiene cinco minutos para ordenarlo o si no, ¡no entraré a que me atienda!* O también: *Si no me atiende ya va a haber consecuencias y no le voy a pagar ni un cinco.* ¡Claro que no!

Para empezar, en ese momento me diría, *señora, retírese inmediatamente y no vuelva más.* Y yo, muy triste con mi diente con caries y muy adolorida me iría del consultorio sufriendo y padeciendo el resultado de mi mal carácter y forma de hablar. Sin embargo, lo que hago es decirle a la recepcionista de la manera más amable: *Disculpe, ¿sabe si tardará mucho tiempo el doctor en atenderme?* Obvio, con una súper sonrisa para que la señorita me haga más caso y no me ignore. Ella me contesta igual y me atiende con gusto. ¡¿Y por qué?! Pues porque así me acerqué a ella.

Siempre es tremendamente difícil pedirles a nuestros hijos de la manera en que lo haríamos con extraños. No sé si sea porque nos creemos con derecho sobre ellos y pensamos que como son nuestros podemos hacer lo que queramos. Pero, ¿por qué reservar lo mejor de nosotros para los demás? ¿Por qué nuestra mejor sonrisa es para la cajera? ¿Por qué nos esforzamos en dar trato de calidad para los demás que despertaron esa mañana sin pensar un solo segundo en nuestra existencia?

Más de una vez me he tenido que disculpar con mis hijos por la forma en la que les he hablado. Y ellos siempre terminan abrazándome y diciéndome: *está bien, mamá*. Es más. Algunas veces ni siquiera he terminado de disculparme cuando ya los tengo colgados del cuello.

Yo podría asegurar que si hiciera lo mismo con el dentista de todas maneras me hubiera corrido del consultorio. Así que además de que los niños son seres increíblemente maravillosos, Dios que es bueno, los dotó con una incalculable porción de amor y por lo menos en sus años de infancia no cuentan con una gota de rencor.

Aprovechemos eso para enmendar lo que sin querer descomponemos todos los días. Nuestros son más importantes que el Rey de España o esa visita que nos obliga a poner nuestra mejor cara.

Nuestra mejor sonrisa, nuestra mejor actitud. Y como resultado tendremos "plantitas" sanas, fuertes y felices...

Neurolingüística. Lo que la boca dice el cerebro lo escucha

Repite: Soy un Niño SANO, FUERTE, FELIZ, INTELIGENTE y TRIUNFADOR...

Yo creo en la neurolingüística. Sí, creo que lo que decimos y pensamos de alguna manera se hace realidad. Por eso desde que me enteré del embarazo con cada uno de mis hijos no hubo un solo día en que no se los repitiera. Siempre lo hacía al meterme a bañar. Abrazaba mi panza, cerraba mis ojos y mientras le caía agua calientita decía en voz alta lo que ya te compartí. Al nacer, y aun sin que supieran ni siquiera hablar los miraba a sus ojos y les decía: Tú eres un niño sano, fuerte, feliz, inteligente y triunfador. La verdad, solo me veían muy detenidamente y parecía que pensaban "que tanto dirá esta señora" aun así no me importaba, igual lo seguía haciendo. Crecieron y empezaron a hablar, todas las noches al acostarlos o a cualquier hora del día cuando me acordaba, en cualquier lugar les decía: Diego, Leonardo tú eres… y ellos rápido contestaban YO SOY UN NIÑO SANO, FUERTE… Así fue con los dos mayores y así lo sigo haciendo con Sebastián. Mi hijo pequeño, todavía no habla, pero igual que a sus hermanos le repito cada vez que puedo lo valioso que es, y no importa si está jugando, llorando o comiendo, cuando empiezo a decírselo se queda quietecito y me mira muy atento y serio. Estoy segura de que es porque lo ha escuchado desde que se engendró.

La vida sigue transcurriendo y a mis hijos les tengo prohibido decir no puedo, soy tonto, soy flojo (aunque, a veces, actúen así) porque el cerebro ¡ESCUCHA! —eso les digo yo—. Lo que tu boca diga eso creerá tu cerebro. Tú eres lo que piensas.

Ojalá y yo lo hubiera aplicado desde niña, pero esto de las "afirmaciones" lo supe hasta que fui adulta y aun así lo intento. Tengo la esperanza de que mis hijos crezcan con ese conocimiento, con la idea de que pueden, de que son capaces, de que las palabras guían a los pensamientos y estos nos hacen actuar.

Mi mamá fue la que me dijo este conjunto de palabras que armaron esta frase, pero yo creo que cualquier mamá puede "programar" lo que quiere que se grabe en el cerebro de sus hijos. Al final de cuentas si a un niño le repites constantemente que puede, que es feliz, que es inteligente, que es sano y que es un triunfador, (o, todo lo contrario, porque hay casos así) tienes la gran posibilidad de que algún día se lo crea y actúe en consecuencia.

Disciplina Positiva

Corrió como loco. Estaba tan cansado que de tanto sudor parecía que se acababa de bañar. Sus cachetes parecían dos manzanas jugosas y si por él hubiera sido se habría quitado la ropa hasta quedar en calzones del calor que sentía.

Así se subió Leonardo a la camioneta después de que terminó la fiesta. Cuando arrancamos empezó a llorar y a quejarse diciendo: ¡Me quemo, mamá! ¡No puedo más! ¡Estoy en fuego! ¡Me voy a morir! (siempre dice eso cuando tiene mucho calor) Yo sabía que ni se iba a quemar ni se iba a morir, pero en otro momento le hubiera dicho: ¡¿Qué hago, mi cielo?! Tratando de solucionar su situación sin tener la menor idea de cómo hacerlo. Me hubiera estresado escuchando sus lamentos y sufrimientos por el inevitable sudor que sale por los poros cuando ¡te mueves!

Él, por su parte estaría enojado conmigo como si yo hubiera sido la causante de su estado de achicharramiento y por consiguiente la responsable de devolver la temperatura normal a su cuerpo.

Pero ahora lo hago así —gracias a lo poco o mucho que he leído sobre Disciplina Positiva— me detengo, lo miro a los ojos y le digo: *Entiendo que tengas calor, Leo. Eso sucede cuando uno hace ejercicio. En este momento no puedo conseguirte agua porque no traigo en la camioneta botellas de agua. Cuando lleguemos a la casa te daré agua muy fría y te meterás a bañar para quitarte ese calor que sientes que te está matando. Si no puedes esperar a que eso suceda entonces dime tú, ¿qué podemos hacer?* ¿Saben qué me dijo? Nada. Se quedó buscando una solución más rápida y como NO encontró. Se aguantó.

De este modo me libré de la "responsabilidad" que caía sobre mis hombros de quitar lo imposible de quitar. Y cuando volvía a quejarse y enojarse conmigo le repetía: *Lo sé, mi amor. ¿Qué podemos hacer?*

Cada vez me respondía lo mismo: *Nada mamá, tienes razón. Solo que ya quiero llegar y hacer lo que me dijiste.* Así sucede con todo, cuando hay mucho tráfico y se quejan, les paso el costal de responsabilidad a ellos y dejo que ellos me den la solución a mí.

¡Mamá! ¡Quiero hacer pipí! (En algún lugar en donde no hay baños). En lugar de decirles *te tienes que aguantar y esperarte a que haya baños*, les digo: *No hay baños, ¿qué podemos hacer?* Ellos me contestan: *Pues esperar, mamá, ¡ni modo que haga en un arbolito!* Y de este modo son ellos los que lo resuelven y dejan de quejarse, asumiendo lo que ellos han decidido hacer al respecto. Como esperar.

—¡La comida no me gustó!

—Ok, eso es lo que hay de comer Diego, y no pienso cocinar nada más. Si no quieres comer está bien, pero en la noche te daré lo mismo, tú decide... —y decide siempre comer. Creo que hacerles creer que ellos tienen el "control" me ha funcionado. Les pone a reflexionar en soluciones a sus problemas y me quita mucha carga emocional. Me ayuda a darles autonomía y les muestro que escucho sus quejas, siempre y cuando vayan acompañadas de una solución.

La vida es así. Si no tienes un plan para resolver tu problema no sirve de nada quejarte. Es válido ser "La llorona" de vez en cuando. ¿Pero, luego qué? ¿Después qué? ¿Cómo le haré para dejar de arrastrar la cobija de mi dolor? Entonces busco una solución e intento llevarla a cabo.

Mis hijos tienen que aprender esto. Yo no soy responsable del entorno en el que ellos se desenvuelven. Los acompaño y cuido, pero de mí no depende si llueve, si el perro ladró, si hay tráfico. Ellos tienen que saber eso y darse cuenta de que hay momentos en los que no hay solución aparente y tendrán que esperar hasta que haya baño, hasta que deje de llover, hasta que termine el invierno, etc.

Por último, quiero mencionar que hay momentos en que sus soluciones son "imposibles" de llevar a cabo, como un día que me dijo Leonardo: *Pues podrías pararte en cualquier casa y pedirles que te presten el baño para que haga pipí.* En ese momento le dije: *Ok, pero tú te bajas porque el que quiere hacer pipí eres tú.* Obvio me dijo: *No, mejor me espero.*

O cuando hay tráfico y ya quieren llegar a "X" lugar y su solución es que me meta en sentido contrario, muy bien, vuelvo a decir: *Pero si me detiene un policía les diré que fue tu idea y al que multarán será a ti. ¿Estás de acuerdo con eso?* Sin dudarlo me contesta: *No, mejor nos esperamos, mamá.*

Qué tranquilidad siento cuando ellos responden a mi pregunta: ¿Y qué podemos hacer? Luego hago mi cara de sufrimiento y les suplico que me den la solución, ellos por su parte se sienten importantes y tomados en cuenta, finalmente buscan las posibles soluciones a sus necesidades. Más de una vez se dan cuenta de que la única solución es esperar.

¡Inténtalo!

Ejercicio de visualización

Estoy convencida hasta los huesos de que mi presente estuvo imaginado en mi pasado, yo me vi, respiré, caminé, viví en esta casa, en este lugar, visualicé a mis hijos llenos de lo mejor que la vida puede dar y los veo sin duda logrando cada uno sus logros personales, hoy visualizo lo que vendrá, así pienso. En las noches me acuesto imaginado y en las mañanas a las 5 a.m. que despierto a hacer mi rutina de "desarrollo personal" visualizo también.

Tomando en cuenta que lo que sucede es siempre voluntad de Dios mi conclusión es que su voluntad es sin duda mi felicidad, así que me imagino que seré feliz y así es, pocas veces me equivoco. Ayer imaginé lo que hoy soy.

Al acostar a mis chaparritos les pido que cierren sus ojos y les pregunto cómo será su futuro, ellos sonríen y comienzan a describir "vanamente" lo que viene a su mente, yo, algunas veces, les hago preguntas específicas para que les sea más fácil visualizar, como:

¿La casa en la que vives tiene ventanas?

¿Grandes o chicas?

¿Tus hijos son niños o niñas?

¿Cuántos perros tendrás?

Leonardo un día me dijo esto:

Seré alguien que cura animales (supongo que veterinario) *tendré muchos perros, como doce, viviré en Nuevo México* (¿Por qué ahí? No sé) *tendré tres hijos, pero no sé si serán niños o niñas. No quiero una casa grande más bien quiero que sea mediana, me iré de vacaciones a Los Ángeles* (yo creo que dijo eso porque ahí está Disneylandia) *y tú seguirás viviendo en esta casa, pero no te preocupes, te visitaremos...* y así terminó su relato.

Nada mal para el futuro de un niño de siete años.

"WHATEVER YOU DECIDE TO DO, MAKE SURE IT MAKES YOU HAPPY"

"Desmenuzando" un libro... ¿Qué es un NIÑO RESILIENTE?

Tengo muchos libros de crianza y paternidad que me han servido en esto de educar a mis hijos. Te quiero compartir uno de los que me han gustado más. Y es que de todos aprendo algo. Pero hay algunos que marcan la diferencia...Te platico.

Primero, ¿qué es la resiliencia?

Es la capacidad que tienen algunos materiales de volver a su forma original a pesar de haber sufrido transformaciones.

En la psicología se usa para describir la capacidad de las personas para desarrollarse de manera saludable y exitosa pese a haber nacido o crecido en situaciones adversas.

Partiendo de esto te comparto: en el libro *Hijos fuertes* de Julia Borbolla, la autora nos platica cómo es que en una misma familia hay hijos más resilientes que otros. Si te pones a analizar esto no tiene sentido porque son los mismos padres. ¡La misma comida! Sin embargo, es una realidad innegable. En todas las familias hay hijos más "aguantadores" que los otros y que se saben reponer más pronto de los inevitables fracasos que la vida les presenta.

Con esto no quiero decir qué hay que buscarles problemas a los hijos para que se hagan más fuertes y aguanten más. Tan fácil como dejar que la vida "siga su curso". No hay mejor maestro de vida que los días que van transcurriendo. Además, no puedo dejar de mencionar que cada niño nace con su "costal emocional" que los forma en carácter y temperamento, no hay niños buenos o malos, hay niños que la influencia que han recibido junto con el carácter y temperamento con el que han nacido se crea un "cóctel" de emociones que dan como resultado la PERSONALIDAD de tu hijo. Es por eso por lo que, educar igual, no funciona.

El secreto o más bien diría yo, el éxito de un padre es encontrar esa medida perfecta en la que necesitas tratar a cada hijo en particular. Por eso te invito a que, así como reflexionas sobre ese proyecto laboral o sobre cómo lograr pagar las cuentas a final de mes. Así como pensamos horas y horas en otras cosas, analicemos a nuestros hijos. Qué le sobra o qué le falta a cada uno en particular. Y hacer el intento de hacer y dejar de hacer. Porque no podemos negar que en esto de la paternidad todo es a prueba y error. Habrá días que nos funcione y otro que no, pero es así como se logra conocer las fortalezas y debilidades de nuestros hijos.

En el libro encontré esta frase que me encantó: LA SOBREPROTECCIÓN ASFIXIA, IMPIDE QUE TUS HIJOS VIVAN SUS PROPIAS EXPERIENCIAS, DESARROLLA NIÑOS DÉBILES PORQUE NOSOTROS LOS PAPÁS, CON TANTO CUIDADO, LES DAMOS EL MENSAJE DE *SIN MÍ, NO PUEDES*.

Te comparto algunos de los puntos que personalmente me parecieron más importantes en el libro:

*La tarea es desarrollar AUTONOMÍA en el niño.

*Los niños pueden con la verdad, cualquiera que ésta sea y en la medida en que les permitamos asumirla, los haremos mucho más resilientes.

*Los niños responderán de acuerdo con lo que pensamos de ellos y exigirán lo que estén acostumbrados a recibir. Esto último es muy importante.

*Mientras más regañamos al fuerte, más débil y sin recursos harás sentir al otro. (Esto es entre hermanos).

*Hoy en día, disciplinar significa para los padres un acto de valentía. Valentía para aguantar sin darnos por vencidos. Valentía para ser vistos como "los malos". Valentía para renunciar a nuestra zona de confort y enfrascarnos en la tarea de hasta que lo aprendan. Valentía para pasarla mal en esta época en la que el bienestar inmediato tiene más valor que el bienestar a largo plazo, aunque este último sea más duradero.

*Hacer que un niño sea resiliente consiste en fortalecer la capacidad de demora y ejercitar su tolerancia a la frustración, dos elementos fundamentales para ser feliz.

Para terminar, solo quiero mencionar que los niños son lo que pensamos de ellos, hay que aprovechar que todavía se la creen y que si les decimos y recordamos sus fortalezas minimizando sus debilidades te aseguro que le empezarán a poner atención a lo que les decimos que son. No hace falta inventarles. Todos los niños son maravillosos en alguna medida. Llegan a este mundo con un sinnúmero de cualidades que, a veces, no vemos porque nos estorban los defectos. Sin embargo, si hacemos un esfuerzo y borramos esa "neblina", estoy segura de que todos los papás podremos empoderar a nuestros hijos hasta que ellos mismos sin darse cuenta se miren al espejo y digan: mi mamá tenía razón ¡Soy muy inteligente!

Obligaciones diarias. Hasta que lo hagan chiflando y cantando

Diego y Leo tienen obligaciones diarias. No, no les pago ni un peso por hacerlas, no es trabajo que yo remunere, son responsabilidades que tienen que hacer por el simple hecho de que son parte de una familia y así como yo y su papá tenemos nuestras propias obligaciones, de la misma manera ellos.

Comencé cuando estaban muy chicos, siempre les ponía actividades acorde a su edad, al principio era solo Diego, ahora es Leonardo también y más adelante será Sebastián también.

No fue fácil lograr que las hicieran siempre, el "secreto" fue que si no estaban terminadas entonces no podían disfrutar de la TV o de su media hora de videojuegos que tienen por día, varias veces o más bien muchas veces se quedaron sin su "recompensa" y la verdad que me podía más a mí que a ellos porque los tenía trepados encima de mí como si fuera mi obligación entretenerlos y aligerarles el profundo aburrimiento que sentían por haber perdido su media hora de aparatos electrónicos. Pero no desistí, y muy a su pesar llegaron a aceptar que estaba hablando en serio, que era una realidad y que no servía de nada postergar el "sufrimiento" porque de todas maneras tendrían que hacerlo.

Hasta que llegó el ansiado día en que sin decirles absolutamente nada empezaron a hacer sus obligaciones. Ahora hasta cantan y chiflan mientras recogen el baño. Yo por otra parte le hago como que no me fijo, pero salto de gusto al ver que muchas veces tarda en llegar la recompensa a la tenacidad y constancia, pero al final siempre llega.

Todos los trabajos se hacen por la mañana, antes de irse a la escuela, así cuando regresan por la tarde pueden disfrutar de su libertad. En caso de que los hagan mal también tienen sus consecuencias, porque mi frase es y siempre ha sido, "si lo haces mal lo tendrás que hacer dos veces" así que también eso ya se lo saben.

Como nos hemos mudado muchas veces de ciudad he tenido que amoldar las obligaciones a las necesidades de cada lugar, mientras que en Monterrey su obligación era recoger su cuarto, organizar los libros y ponerle comida y agua a la Lula, ahora en Michigan necesitan sacar los trastes limpios de la lavavajillas, recoger su cuarto, sacar a la Lula a hacer sus necesidades y ordenar la sala de TV, sus actividades cambian todos los días y todas la semanas y, por supuesto, si lo necesito, ¡hacen más que eso!

Cuando logré que por fin aceptaran "su destino" me topé con otra cosa, de repente se volvieron DESMEMORIADOS, cuando les decía: *¿por qué no colgaste las toallas del baño? o ¿por qué no cambiaste el rollo de papel?* Ellos muy tranquilos contestaban, *se me olvidó*, y pues lo único que me quedaba era decirles *pues que no se te vuelva a olvidar*.

Pero un día me cansé. Me cansé de ir a revisar para darme cuenta de que siempre se les "olvidaba" algo. Así que, una noche mientras estaba acostada haciendo mi "lista mental de actividades para el día siguiente" se me ocurrió algo. ¿Y si les muestro como debe de quedar el baño? ¡Así no hay excusas! Es más fácil preguntarles, ¿el baño quedó como en las fotos? Y muchas, pero muchas veces ellos solitos regresaban a terminar lo que les faltaba.

Siempre busco la manera de aligerarme el trabajo. Ya sabes que siendo mamá de tres tienes que hacerlo, mi salud mental y emocional me lo ordenan y hasta ellos se liberan un poco de mi "melodiosa" voz pidiéndoles de la más "atenta" manera que hagan las cosas.

Los fines de semana son libres, así les dicen ellos. Esos días no hay obligaciones, aunque aquí entre nos han vivido engañados toda su vida porque ya sea el sábado o el domingo es día de aseo general y todos cooperamos, así que en realidad no son muy libres que digamos. La diferencia es que no está escrito en ningún papel así que ellos se sienten "libres como el viento".

Estas son algunas de las muchas rutinas que he hecho a lo largo de los años, y les repito, no hay fórmulas mágicas y habrá niños que se resistan más que otros, aquí la clave eres tú como mamá o papá, si no das tu "brazo a torcer" ellos sabrán que va en serio y un día sin esperarlo estarán chiflando y cantando mientras tienden su cama a las 6:30 de la mañana...

Por último, te comparto estos puntos que me sirvieron a mí, y espero te sirvan a ti:

*Establece cosas que puedan cumplir y no amenaces.

*La disciplina implica control y la primera que se tiene que controlar eres TÚ.

*Si te pasas la vida en el papel de sargento mal pagado, prueba con rutinas e imágenes impresas, esa es otra manera cordial de educar.

*Si no lograron su meta cumple con lo acordado y ¡no desistas!

Y, por último:

*MANTENTE FIRME Y CONSTANTE...

"Si quieres que tus hijos mantengan sus pies sobre la tierra no olvides colocarles algunas responsabilidades en sus hombros".

Todo es temporal... hasta la infancia caduca

Porque no hay fecha que no llegue ni plazo que no se cumpla

Van a crecer te lo prometo. Dejarán de gritar sin motivo y reírse a carcajadas cuando debían de guardar silencio. Las bromas que tanto te molestan dejarán de suceder, simplemente porque al crecer se pierde el sentido del humor. Por la noche ya no te pedirán un cuento o que te acuestes con ellos. Eso sucederá antes de lo que te imaginas. Un día, se irán a dormir y ya no escucharás la eterna plegaria de "acuéstate conmigo papá". Ese día va a llegar, te lo aseguro. Cuando lleguen las vacaciones no tendrás que buscar destinos en donde el hotel tenga a los niños ocupados. Por fin tendrás tiempo de sobra para descansar. Por fin podrás comer sin interrupciones y "peleas". Te aseguro que tu comida será silenciosa (y aburrida también) pero por fin comeremos solos.

Llegará el tiempo. Porque así es, nunca se detiene y se convierte en el máximo juez de lo que antes nos molestaba tanto. Llegará la fecha, el calendario continúa, y tus hijos crecerán. Sus fiestas de cumpleaños pasarán y cuando me digas un poco cansado de comprar todo lo necesario para sus festejos, yo te contestaré:

—Ya no quieren fiesta amor, prefieren el dinero o irse con sus amigos. Ese día, en ese momento descansarás. ¿Pero sabes qué? También lo extrañarás. Extrañarás sus coloridos pasteles y sus ojitos cerrados pidiendo el mayor deseo que su pequeño corazón puede albergar.

Ahora cuando te digo:

—Amor, se le cayó otro diente —y me dices:

—¡¿Otro?! Pero si "el ratón" le acaba de dejar ¡diez dólares! Que esta vez le deje cinco, porque ya le dejamos mucho en el diente pasado.

Yo quisiera contestarte que sus dientes de leche se van a terminar. No serán eternos. El dinero que le ponemos bajo su almohada no hace diferencia en nuestra economía familiar, pero la ilusión que ellos sienten al buscar por la mañana, esa sí, que no tiene precio.

Por favor no te canses. No te desesperes. No pierdas la paciencia. Intenta disfrutar sus gritos, sus ocurrencias, sus abrazos apestosos de tierra y sus besos pegajosos, sus legos en el piso que te recuerdan que tienes hijos sanos que pueden jugar, sus zapatos y ropa tirada por toda la casa que te demuestra que les das lo necesario para vivir. La espalda que tanto te duele al cargarlos descansará después, los pies que los llevan de paseo y que, a veces, sin mucha energía los acompañan a andar en bicicleta, descansarán también después. En fin, ese revoltijo de actividad, ruido y desorden desaparecerá y lo extrañarás hasta los huesos, de eso no tengo duda.

Después, en su ausencia añoraremos lo que de ahora nos quejamos y tendremos que esperar (si tenemos suerte y Dios nos lo concede) a que lleguen esos nietos a repetir lo hecho por nuestros hijos. Solo le pido a la vida que nos permita ver, abrazar, cargar, escuchar, besar y acurrucarlos tanto que de alguna manera "saciemos" esa soledad sentida por muchos años después de que Diego, Sebastián y Leo dejaron de ser niños.

Y de repente creció...

Si me imagino que voy en mi camioneta con mis tres hijos y vamos en la carretera en donde si miro al frente no veo nada, solo asfalto. Tampoco alcanzo a ver ninguna ciudad, no veo a lo lejos edificios ni nada que me avise que llegaremos pronto. Sin embargo, sé que vamos a llegar. Sé que dejaré de manejar y el coche llegará a su destino finalmente. No hay carreteras ni caminos infinitos. Todo llega a su fin y meta. Así me imagino que es la niñez de mis hijos.

Al finalizar el último año de *Elementary School* fui a dejar a Diego al camión que los llevaría a su último campamento. Cuando llegamos me dijo: *Me puedes bajar aquí, mamá. Si te tienes que ir no te preocupes, yo puedo cargar mi maleta.* La verdad me quería bajar ¡por mí! ¡no por él! —lo confieso.

Evidentemente él no me necesitaba en ese momento. Es más, creo que me está dejando de necesitar más rápido de lo que imaginé. Era yo la que necesitaba verlo crecer. Tenía que ver las "señales" de la terminación de la carretera que en sentido figurado sería su infancia. Tenía que empezar a divisar el final. Ese final que llegará inevitablemente como cuando voy en el coche y éste llega finalmente a la ciudad. Siento que necesito prepararme más. Creía que nos faltaba mucho para llegar. Pero ese día, este año, empiezo a ver las luces a lo lejos. Empiezo a ver avisos que como anuncios panorámicos en las entradas de las ciudades me dicen "SE ESTÁ ACABANDO", "ESTÁ DEJANDO DE SER NIÑO", otros están en letras rojas y muy llamativas. Estos en particular dicen esto: ¡ABRÁZALO Y BÉSALO MUCHO!

En mi carretera imaginaria hay de todo. No faltan algunas advertencias como: "CUIDA MÁS SUS AMISTADES" o hasta preguntas como las siguientes: ¿ESTÁS SEGURA DE QUE SU INFANCIA FUE FELIZ? ¿CUÁNDO FUE LA ÚLTIMA VEZ QUE LO CARGASTE PARA NUNCA VOLVERLO A LEVANTAR? Y así, hay de todo, preguntas, avisos y uno que otro reclamo que siempre me hago en silencio.

Nos encontramos al final del camino, y digo *nos* porque será mi primera adolescencia en la piel de alguien más. Mi primer corazón roto. Mi primer "no encuentro mi personalidad". Mi primer "déjame solo pero no te vayas lejos", porque, aunque todo eso lo vivirá él, también lo sentiré yo. ¿Y cómo puedo no sentirlo? Si somos extensión uno del otro. Si antes de él jamás había tenido a alguien tan cerca de mí. Que viviera de mí. ¡Que se alimentara de mí!

Sé que intenté construir las bases de lo que pensé sería lo mejor para él. Sí, su futuro fue diseñado por mí. Aunque al final él decida algo diferente. Por eso ¿cómo puedo ser simple espectadora de la tan anhelada y "problemática" adolescencia? ¿Cómo puedo solo sentarme sin opinar o apoyar y dejar que Diego viva lo que le toca vivir? Sé que debo dejarlo experimentar lo que lo forjará para su adultez. Pero será inevitable no involucrarme cuando llegue con su corazón partido en dos, cuando tenga que elegir su "atuendo" para su primera fiesta. O cuando esté preparándose para algún examen que de alguna manera le dará dirección a su futuro.

Estoy segura de que seré parte de eso y más. Porque estuve presente cuando se le cayó su primer diente y llenos de emoción nos abrazamos los dos y con la ilusión a flor de piel él esperaba a su ratón por la noche mientras yo esperaba ver su carita por la mañana.

O cuando aprendió a andar en bicicleta sin rueditas. Ese momento fue el equivalente a llegar a la meta en un maratón. Mis gritos y aplausos están grabados para bien o para mal en video. Todo, absolutamente todo lo viví con la misma intensidad que él. Aun no sé si fue porque él me lo permitió, me incluyó o porque él me invitó, pero estuve ahí. Cada minuto y día, cada mes y cada año.

Ahora que lleguemos a nuestra "ciudad" cuando por fin estemos dentro de la tan temida adolescencia, solo le pido a Dios que me dé la sabiduría para poder seguir estando ahí en la justa medida —ni mucho, ni poco— sintiendo lo que él siente, emocionándome igual y sufriendo lo mismo que él. Espero también que en esta etapa él me lo siga permitiendo, él me siga incluyendo, me siga invitando. Deseo, más que nada, acompañarlo, tal vez sin el mismo poder de convencimiento que tenemos las mamás durante la infancia de nuestros hijos, pero sí con la firme convicción de que sepa que lo único que busco es que al final de este viaje y cuando empiece el camino que lo "alejará" de mí para vivir su propia vida, sea el hombre más feliz, pleno e íntegro que jamás imaginó podría llegar a ser.

Te amo Diego, eres mi "bolita de plastilina" moldeada con lo mejor que tengo de mí...

Los días "sin importancia"

Uno a uno iba explotando. Aparecían de la nada, y el sartén poco a poco se iba llenando. Los niños estaban impactados, abrían y cerraban sus ojitos como no creyendo que estuvieran apareciendo tantas palomitas de maíz de unas cuantas "bolitas" amarillas. Así fue el primer día que hicimos palomitas caseras. Ese día fue especial. El sartén tenía la tapadera de cristal así que los niños le pidieron a su papá que los subiera para poder ver esa "maravilla" —para ellos eso fue. Ahora ya no se sorprenden porque siempre las hacemos así. Pero ese día, esa tarde, no la olvido.

Tengo muchos días así. Ordinarios, clásicos, iguales, comunes y corrientes. En donde no crees que haga falta tomar fotos o videos pero que sin duda —ahora que lo pienso— son hermosamente significativos en nuestras vidas. Son las expresiones que solo vemos una vez en las caritas de nuestros hijos. Las primeras veces de cada cosa, son la descripción exacta que nos demuestra la gran capacidad de asombro que tienen los niños y que lamentablemente con la edad vamos perdiendo.

Recuerdo muy bien el primer diente debajo de la almohada. Cuando por fin se le cayó, vino Diego y me dijo: *¡Mamá, mi diente!* Su carita era una mezcla de miedo, emoción y felicidad. Y lo entendí porque era la primera vez que se "desprendía" de algo muy suyo. Esa noche se durmió más temprano que de costumbre y acomodó su diente debajo de su almohada, fuimos más tarde a recolectar el valioso "tesoro" y se me ocurrió fotografiar al ratón en plena acción. Gracias al Photoshop hice un fotomontaje, y con esa imagen lo desperté. Su expresión fue de un asombro indescriptible, abría y cerraba sus ojitos como no pudiendo creer que haya logrado captar al dichoso ratón en medio de la noche. Lo vi tan feliz que me sentí satisfecha de haber logrado que ese periodo de ilusión que dura tan poco en los niños se intensificara más... Hoy tiene ya nueve años y todavía cree que es un ratón el que viene por sus dientes —o al menos eso me hace creer a mí. Tengo la sensación de que no quiere romperme el corazón y finge que su infancia no ha llegado a su fin.

Por lo menos una vez por semana lo dedicamos a jugar en familia, algunas veces terminamos inventando el juego y otras hemos tenido que adaptar algunos de los instrumentos.

Una tarde elegimos jugar a la lotería, y como no teníamos fichas, les dije: ¡Pues pondremos mini bombones! Fue como si les hubiera dicho pondremos lingotes de oro en cada cuadrito. Estaban tan felices que me encantó ver que todavía los dulces son cosas muy preciadas para ellos y que gracias a la bendita niñez no le dan importancia a lo que para los adultos sería imprescindible. Ese fue un día de juegos de mesa —común y corriente— en familia, pero para ellos fue especial. Decidimos que el que ganara la ronda podría comerse todos los bombones de su juego... ¡Qué tarde! inolvidable para ellos y para mí... Ahora, ¡no hay lotería sin bombones!

Los proyectos de la escuela son una parte importante de nuestro día a día. Mis hijos crecen, aprenden y se divierten. A mí me gusta ser parte de ese proceso. Recuerdo un día como una anécdota muy especial.

Leonardo llegó muy emocionado de la escuela y dijo que era temporada de plantar. Como no teníamos semillas me pidió: una cebolla, un espárrago y un brócoli, se los di sin mucha importancia. De repente lo veía muy apurado entrando y saliendo a la casa, al fin dijo: *Ya, mamá. Ya está mi hortaliza.* No me tomé el tiempo de salir a checar su sembradío, pero más tarde cuando nos estábamos yendo a las actividades vespertinas, lo vi. Acomodó tres vasos y "plantó" ahí lo que me pidió. Apenas cabía la cebolla en el pequeñito vaso de unicel que encontró en la alacena y el brócoli parecía un auténtico Bonsái. No quiero olvidar esa creación de Leonardo, jamás. Es verdad que no lucen muy bien tres vasos con verduras en la entrada de mi casa, pero para mí son el adorno más hermoso que hay en el exterior. Cada vez que salgo o entro me alegra el corazón saber que existe Leonardo en mi vida.

Y así como esos días hay miles. Las películas de los sábados con palomitas caseras y "chucherías" que están prohibidas durante los otros días de la semana. Las tardes en bicicleta. Las noches acurrucados todos en mi cama leyendo cuentos y los días de invierno hechos "bolita" en el sillón de TV con pijamas hasta las seis de la tarde un sábado de invierno.

Yo sé que pasará el tiempo y los años, y sé que un día los bombones en la lotería no les llamarán más la atención, mucho menos La lotería. La puerta que se mantiene abierta esperando que vaya a leerles un cuento un día se va a cerrar porque necesitarán "privacidad". La adolescencia llegará y se alejarán un poco de mí. Lo sé. Pero por lo pronto me lleno el corazón con esos días en los que todavía caben en mis brazos y no hay ni amigo, ni novia, ni fiesta aún más importante para ellos que su familia. Solo espero que cuando crezcan mi vida siga estando llena de días increíblemente ordinarios.

¡Y que Dios bendiga la infancia!

Me gustaría que su dentadura fuera de unos cincuenta dientes...

Hace poco estaba preparando la comida y de repente llegó y me dijo:

—Mamá, ¿te das cuenta de que en cuatro años entraré a *High School*?

En ese momento se me detuvo el corazón. Ya no supe qué estaba picando, si cebolla o tomate. Me quedé paralizada y sin hablar mi cerebro comenzó a pasar la vida de mi hijo como si la estuviera viendo a través de una película. Pero no cualquier película, eran sus mejores momentos. Y todo en cámara rápida. Comenzó cuando me hice la prueba de embarazo, después recordé el color de su carriola y su ropa que muchas veces usó solo una vez —y es que crecen tan rápido que no tuve oportunidad de volver a ponérsela—. Recordé cuando lo llevamos al mar por primera vez, cuando tuvo su primer corte de pelo y decidí dejar de trabajar para estar con él, qué difícil decisión.

Nuestros ingresos simplemente se cortaron a la mitad. Me llené de culpa, culpa por no trabajar y no contribuir a la economía de nuestro hogar. Culpa por querer trabajar y dejarlo al cuidado de alguien más. Culpa por dormir mientras él dormía y no ponerme a limpiar y organizar la casa.

En ese momento también me vino a la mente el primer libro que compré que habla de crianza, todavía lo tengo y es mi manual al momento de implementar ideas para educar a mis hijos. *Profesión Mamá* de Julia Borbolla se llama. ¡Creo que ya ni cubierta tiene!

Recordé cuando pasamos noches interminables cuidando su temperatura mientras estaba enfermo, dormí muchas veces sentada, el dolor en mi espalda se encarga de recordármelo de vez en cuando y lo cargué tanto que más de una persona me dijo "lo vas a embracilar". ¡Ojalá lo hubiera hecho! —pienso ahora—. Así lo tendría siempre cerquita de mí. Hay veces que todavía lo acurruco. Sé que me queda poco tiempo porque mis brazos simplemente ya no alcanzan a rodearlo. Sé que pronto llegará el momento en el que lo abrace solo con el corazón. O lugares en los que ni siquiera note mis brazos a su alrededor. Mientras esté con sus amigos o en lugares públicos, lo haré, tengo el derecho único y especial de poder abrazarlo con el corazón. Finalmente, él y sus hermanos son los únicos que saben cómo se escucha el sonido de mi corazón desde dentro.

Mientras tanto, me gustaría que su dentadura fuera de unos cincuenta dientes, para que siga esperando al "ratón" muchas noches más. Que existieran una y mil maneras de sujetar las cintas, así podría seguir enseñándole a hacerlo. También me gustaría que siguiera enamorado de mí. Que me pida un cuento por las noches, aunque ya sepa leer. La verdad me gustarían muchas cosas más, sin embargo, sé que algunas ya pasaron y no volverán, por ejemplo: ¿cuándo fue el último día que le di de comer en la boca? o, ¿cuándo fue el último día que lo bañé o vestí? Aunque ahora todo eso lo hace solito y me "aligera" el trabajo, lo extraño, en verdad, lo extraño.

Hubo imágenes en mi película que me mostraban el primer día que lo llevé a la escuela. También pasaron por mi mente sus primeros zapatos para caminar, y si me concentro y cierro mis ojos puedo sentir sus manitas gorditas abrazando mi cuello, y su delicioso olor que desprendía por las noches recién bañado con su mameluco color azul con verde. Fui testigo de ver la capacidad de adaptación con la que cuenta y su incansable curiosidad por saber la respuesta de todo. Cada día que crece se aleja un poco más del bebé y luego niño que es, y me valgo de las fotos y videos para no olvidar los pedacitos de él que se van quedando regados en mi corazón y que hay momentos en los que simplemente ya olvidé.

Estoy convencida de que mañana no será el niño que es hoy, mañana por la mañana despertaré a un niño diferente al que desperté hace unos meses. Es por esa simple y sencilla razón que todos los papás deberíamos de aprovechar el día a día, y no decir, bueno, todavía tiene nueve, cuando cumpla doce entonces sí será más grande. Pues no. ¡Será más grande mañana!

Mañana tal vez ya no me pida cuento por la noche o cuando me pregunte algo y le conteste mal me dirá: *No, mamá, no lo sabes todo. Estás equivocada.*

Mientras tanto, me lleno de saber que soy su primer amor, que no tiene ojos para nadie más que para mí. Que su modelo de belleza está basado en mí. Que hay días en los que no tengo todas las respuestas y aun así cree que tengo la razón. Me basta por lo pronto con que todavía se suba a mis piernas y me pida un abrazo. Que me deje peinarlo y elegirle la ropa. Que me escuche mientras le hablo y que crezca sabiéndose inmensamente amado por su familia. Me encanta saberme arquitecta de sus hábitos y costumbres, diseñadora de su futuro (aunque él decida uno diferente), desarrolladora de sus sueños y talentos y lo más importante cuidadora de su alma e inocencia. Esa que con la edad vamos perdiendo pero que deberíamos de conservar por más tiempo.

¡Qué privilegio tan grande es poder moldear la vida de un ser humano de la manera en la que un padre puede hacerlo! ¿En qué momento Dios nos dio esa maravillosa oportunidad de poder ser guías de un ser de luz como lo son los niños?

Creo que invariablemente llegará el futuro, la adolescencia, los años y entonces tendremos nuestro fruto nosotros los padres. Llegará el día en que recojamos lo que sembramos y sabremos si nuestro trabajo estuvo bien hecho. Mientras tanto, deseo con todo mi corazón que jamás se me olvide que ser mamá no es ningún derecho, es un privilegio que pocas, muy pocas tenemos y que sería un verdadero desperdicio el no besar y abrazar más a nuestros hijos mientras están pequeños.

Cuando empaquen para la vida...

Que guarden en su maleta las cosas buenas, los domingos en familia desayunando *hot cakes*. Las tardes de sábados de película todos estando en pijama y comiendo "lo prohibido" en la semana. Las cosquillas que los hacían casi llorar de la risa. Los juegos de mesa en familia. Los paseos en bicicleta. Los eventos escolares en donde me lograban encontrar entre tanta gente. Las noches acurrucados todos en la misma cama, las navidades sentados en la mesa. Las pláticas en donde tratábamos de "adivinar" el futuro.

Que empaquen todos mis besos y abrazos, que envuelvan muy bien cada mirada mía en la que sin hablar les gritaba lo mucho que los amaba.

Que no olviden guardar los viajes que hicimos en familia y que crearon las más hermosas memorias que un niño pueda tener.

Que pongan muy acomodados todos esos momentos en los que les cociné sus platillos preferidos, o cuando hicimos galletas con recetas que al final no supieron bien pero no importó porque lo único que queríamos era pasar un momento en familia.

Que pongan en su equipaje mis muchos consejos, los acertados y los equivocados y que sepan diferenciarlos cuando sea el momento. Que se lleven mis innumerables "¿sabías que te amo?" Para que cuando estén tristes tengan la seguridad de que en la distancia (si es que se me van lejos) alguien los sigue amando SIEMPRE.

Que no olviden lo bueno, lo mejor, lo que les cambió la vida para bien. Lo que los hizo llorar de felicidad, lo que los emocionó y los dejó sin dormir. Lo que los animó a seguir adelante, lo que los impulsó a conseguir sus sueños. Que no olviden nada de eso, porque al final de los años de juventud, esos en los que tus hijos empiezan a "volar" lo más importante será llenarles el equipaje de esas cosas que no se ven, que no se pueden tocar pero que existen y pesan en nuestra "mochila de vida". Lo bueno, lo mejor, lo extraordinario.

Y después, cuando llegue el día, espero con todo mi corazón que cuando abran su maleta encuentren solo cosas que les recuerden su niñez y su vida junto a nosotros como la etapa más feliz de su existencia. ¿Y de lo malo? No, de eso no quiero que se acuerden. De lo malo habrá después. Siempre hay tiempo para eso. Además, ¿qué mamá en su sano juicio empacaría cosas malas para sus hijos?

Y entonces entendí por qué LOS NIÑOS SON TAN FELICES

¡No me había fijado que tenían patas! Viéndolos en vivo tampoco son tan asquerosos como se ven en las fotos.

Leonardo me comenzó a platicar de "las mascotas que tienen en su salón" al inicio lo escuchaba como lo hago muy seguido (sí, lo reconozco, muchas veces lo oigo con el 0.1% de mi cerebro porque el 99.9% está pensando en mil millones de cosas más). Primero me dijo que tenían ojos y boca y que eran de verdad adorables. Pensé: ¿de qué estará hablando? Debe de ser un conejo o una tortuga. Tú sabes. Ese tipo de animales que se pueden tener en un salón de clases. Después me dijo que tenían cien de esos; ahí fue cuando le puse un poco más de "porcentaje" para escucharlo. Me dije: *No, Adriana. ¡No pueden tener cien conejos!* Me senté con él, lo miré a los ojos y le dije:

—A ver, mi cielo. Platícame de esos animales. ¿Por qué tienen tantos? ¿Quién los cuida? ¿Quién los llevó al salón? ¿Los donó alguien? —hasta que me lo dijo:

—¡Son gusanos, mamá!

¡Ah!, pensé. Tienen una granja de lombrices. Me imaginé una caja de plástico transparente con lombrices. Eso no es "adorable" como él dijo, pero cuando recordé que TAMBIÉN dijo que tenían patas y ojos y boca pensé: NO. Las lombrices no tienen cara, o si la tienen la van "arrastrando" por el piso porque nunca se las he visto.

—¡Son *mildworms,* mamá! ¡Son hermosos! ¡Quiero unos para mí! ¡Quiero tener cien! Quiero cuidarlos, alimentarlos, platicarles y leerles. También sacarlos al jardín a que hagan ejercicio. Los quiero de mascotas hasta que se conviertan en esos animales negros "rechonchos". Por favor ¡cómprame unos!

—¡¿Qué?! ¡¿ANIMALES NEGROS RECHONCHOS?! ¡¿qué son?! ¿Son orugas, mi amor? ¿Se convierten en mariposas?

—¡NO, MAMÁ! son flacos y chiquitos y son ¡Tan lindos! — (seguía insistiendo en su hermosura) aunque yo nunca he visto un gusano bonito.

Al fin le dije:
—Vamos a buscarlos en Google —y ahí los vi por primera vez. Leonardo gritó con una felicidad enorme.

—¡ESTOS SON! ¡Estos! ¡Por favor cómprame unos! ¡POR FAVOR!

—No, Leo, ¡guácala! —le dije— ¡Para qué quieres gusanos! ¡Nadie tiene gusanos como mascotas! ¡¿En dónde piensas ponerlos?! ¡NO!

Pero los niños no entienden eso de "darse por vencidos" la tenacidad es una hermosa cualidad de la infancia. Así que todos los días los buscaba en Google y me los enseñaba. Nos platicaba a Ricardo y a mí lo que comían, cómo iban creciendo y cómo se alimentaban. Hasta que le dije a mi esposo: ¡Por favor! Consíguele esos ¡BENDITOS GUSANOS!

Los buscó en Amazon y efectivamente vendían esos "animales" pero no había pedidos de menos de quinientos. Así que obvio, no los compró. Cuando me dijo que iría a ver dónde los podía conseguir, pensé: no va a encontrar nada. Así que solo le dije a Leo:

—Ok, mi cielo, ve con tu papá a comprar tus mascotas.

Para mi sorpresa los encontraron. Y además se los regalaron. Yo estaba en la clase de natación de Diego cuando recibí la llamada donde Leo me decía:

—¡Mamá! ¡Mi papá los encontró! ¡Me consiguió veintiuno! Yo, literal me quedé muda en el teléfono.

—¡Qué bueno Leo! ¿Estás feliz? —le pregunté. (¿Al final es lo único que importa o no?)

—¡SÍ, MAMÁ!! Por fin tengo mis propios gusanos. ¡Mañana voy a decirles a todos en la escuela!

Llegué a la casa y ahí estaba él contemplando a sus veintiún hijos. Ricardo le cortó pedacitos de zanahoria, le ayudó a Leonardo a meterlos en un *tupper* y le puso hoyitos para que pudieran respirar (como si el oxígeno que guarda el recipiente no fuera suficiente para los enormes pulmones de los gusanos, ni siquiera sé si tienen pulmones).

—Míralos, mamá, qué lindos son. ¡Tienen patas, mamá! No se arrastran, y no necesitan agua, ellos la toman de las frutas. Además, tienen ojos y cuando se duermen los cierran.

Ahí estaba yo "contemplando" también a esas larvas. De repente ya no me parecían tan espantosas, efectivamente ¡tenían cara! Y estaban mordiendo la zanahoria con sus diminutos dientes (Yo digo que sí tienen dientes. ¡Quién sabe! Jajajajaja) esa noche Leonardo estuvo cerca de una hora observando a sus nuevos "hijos" y vi su carita maravillada por ellos. Se reía cuando uno con mucho esfuerzo movía un milímetro el pedacito de zanahoria que tenía cerca. Esa noche me hizo darme cuenta de muchas cosas.

Por eso es por lo que los niños son tan felices. Es por esa enorme capacidad de asombro con la que nacen. Porque observar modifica nuestra percepción del tiempo. Cuando experimentamos asombro, el tiempo se ralentiza. Se expande. Sentimos como si tuviésemos más de aquello. Y esa sensación nos hace sentir mejor. Vivir en el ahora admirando lo que está frente a nuestros ojos (aunque sean gusanos) nos sitúa en el momento presente haciendo que la vida sea mucho más satisfactoria.

Lo supe, lo entendí. Le di gracias a Dios por que Ricardo pudo conseguir a los dichosos animales que no me estorbaron en la casa. Tampoco hicieron que gastáramos nuestros ahorros. No me ocuparon más espacio en mi hogar, pero sí hicieron inmensamente feliz a Leonardo.

P.D. Me faltó mencionar lo que Ricardo me dijo…

—Tienes que guardarlos en el refrigerador, amor, porque si no se mueren.

O sea que, ahí están mis *tuppers* de comida con el de los gusanos muy acomodados en mi refrigerador y listos para que Leonardo los saque para alimentarlos, pasearlos, hablarles y todo lo que dijo que haría con ellos (como si a los gusanos les importara).

Por sus llantos, gritos, desorden y caos... GRACIAS Dios

Hoy voy a agradecer por las cosas de las que tanto me quejo. Sí, porque esas cosas tienen caducidad, tienen fecha de vencimiento y sé que en un futuro las extrañaré hasta los huesos.

—¿Cuántas veces tendré que recoger la casa? —le pregunté a mi esposo con un tono de cansancio, solo me volteó a ver mientras él limpiaba la cocina después de cenar.

—Pues no sé, pero un día ya no tendrás que recoger juguetes amor, ni ropa tirada en el suelo, nadie te pedirá cuentos en la noche y de seguro la casa estará en silencio.

Me entró un frío al corazón difícil de explicar. Empecé a imaginar lo que sería el futuro sin el caos que generan esos tres remolinos que rondan por la casa todo el día, y entonces me relajé. Tenía razón, llegará el día, llegará la noche y llegarán los años en los que solo seremos él y yo siempre añorando la visita o llamada y tratando de no olvidar lo que tanto me aqueja hoy. Es por eso por lo que en esta ocasión agradeceré.

Gracias Dios:
Por la ropa en el piso que me demuestra que tenemos los recursos para poder vestir y calzar a nuestros hijos.

Por los platos sucios que se acumulan y acumulan a lo largo del día porque me dice que tenemos comida de sobra para alimentarlos.

Por los juguetes con los que me tropiezo y piso constantemente porque me recuerda que son niños sanos mental y físicamente que se pueden mover sin ninguna limitación.

Por las mochilas tiradas en la puerta y los pasillos, porque si las usan es que van a una escuela y tienen el material necesario para aprender.

Por sus gritos y llantos que salen de un niño con posibilidades de escuchar y hablar y, sobre todo, de demostrar sus sentimientos.

Por las noches en vela calmando fiebres o dolores de panza porque me hace valorar infinitamente la salud que, a veces, doy por sentada y que cuando los veo ahí apachurrados y con dolor me hace añorarlos activos, saltadores y desordenados por toda la casa.

Por sus peleas interminables y, muchas veces, sin sentido (para mí), porque me recuerda que no están solos, que tuve la dicha de regalarles dos hermanos a cada uno y que gracias a esas discusiones tienen mayor posibilidad de ser resilientes en un futuro. Además de enseñarles la empatía y el respeto por las necesidades de alguien más.

Por los días en los que hay que "estirar" el presupuesto porque cuando podemos estar más desahogados y disfrutar de lujos y viajes estos se convierten en verdaderas "gotas de miel" en días (o meses) difíciles económicamente.

Por las incontables visitas nocturnas en mi cama que, aunque amanezca con tortícolis, me dan la oportunidad de concentrar en una sola cama lo que más amo en este mundo. Y me demuestran que tengo un techo que me cobija por las noches, una familia que me ama y me hace sentir necesaria, unos hijos que pueden caminar hasta mi cama y acurrucarse a mi lado y un esposo que comparte mis sueños y me abraza en los días fríos para que yo pueda descansar.

Y, por último, pero no menos importante. Agradezco por lo que más me quejo: el invierno. Gracias Dios por las mañanas en las que tengo que despertar temprano y preparar a los niños para ir a la escuela. Dejar la comodidad de mi cama, preparar desayuno, cuidar que se laven correctamente los dientes y hacer todo lo necesario para mandarlos listos a la escuela.

Gracias infinitas porque me permitió abrir de nuevo mis ojos y tuve la oportunidad de besar y abrazar una vez más a mis hijos, de poder verlos a los ojos y decirles que los amo. De tocarlos al peinarlos, de limpiarles su carita chorreada de comida, en fin, de demostrarles que, aunque muchas veces me quejo de muchas cosas, en el fondo las agradezco porque son la fiel demostración de lo bendecida que soy.

"Sabiduría infantil. Equivocación adulta"

Te dormiste tarde y por consecuencia te levantaste tarde. Tu día comenzó mal, corriendo y apurándote para todo, rápido vístete, rápido desayuna, rápido guarda tu lunch y snack en tu mochila, rápido, rápido, rápido… Como tardaste tanto en desayunar por estar siendo niño —o sea por contemplar cómo las burbujas del jugo de naranja explotaban— te regañé. Te quité tus juguetes que planeabas llevar a la escuela ese día y lloraste tanto que te mandé a la escuela con los ojos hinchados.

¿Quién estuvo mal? ¿Tú o yo? ¿Yo que no tuve la autoridad suficiente la noche anterior y te mandé a dormir a tu hora? O tú, que como cualquier mortal que duerme pocas horas se despierta como *zombie* arrastrando los pies y teniendo los ojos abiertos pero el cerebro todavía dormido. ¿Yo que me dormí todavía más tarde que tú y mi energía y ánimos estaban apenas reponiéndose cuando sonó la alarma de un nuevo día?, o tú que no sabes todavía de las exigencias de este mundo. Quizá, no alcanzas a entender cómo lo que para ti es tan preciado (como tus juguetes) para mí no lo sea. O peor aún. Simplemente los retiré de tu posesión como si estuviera quitándole un pelo a un gato, sin darme cuenta de que te estaba privando de algo tan importante para ti, como lo sería el libro más valorado para mí.

Toda la mañana me quedé incómoda. Insatisfecha con tu despedida, hice mi rutina como todos los días, pero con la imagen de tu carita llorando, triste e impotente, escuchando mi "poder de madre". Esa imagen me acompañó toda la mañana. Ese día me pregunté, ¿cómo irías a regresar de la escuela? ¿Seguirás estando enojado? ¿Tu día transcurrirá "descompuesto"? ¿Tendría que hablar contigo y explicarte? o más bien "barnizar" la situación de manera que la próxima vez él deba aceptar con resignación el hecho de que yo siempre estoy bien y él siempre está mal. Aunque muchas, pero muchas veces sea al revés.

Pues llegó la hora de su regreso y parecía un niño renovado, corrió hacia mí con sus bracitos tan abiertos que parecía que si corría con un poco más de velocidad empezaría a elevarse como esos pajaritos que empiezan a volar.

Me sorprendí. Sí, me sorprendió su inmensa capacidad de olvidar lo que lo lastimó. Su carencia total de rencor hacia mí. Tomando en cuenta que fui su "verdugo" desde que abrió sus ojitos por la mañana hasta que se fue llorando sin consuelo con su enorme mochila cargada de libros y sus mocos escurriéndole de su nariz.

Así son los niños. Perfectos en toda la extensión de la palabra, nosotros somos los que los "descomponemos". Aceptarlo no es fácil porque ser papá es sinónimo de ejemplo y nadie quiere ser mal ejemplo para nuestros hijos así que nos hacemos a la idea de que lo que decimos y pensamos está bien y si algo sale mal es seguramente porque nuestros hijos no cooperaron y como resultado tenemos un desastroso momento en el que les gritamos, los menospreciamos, los lastimamos en lo más profundo de su ser y todavía nos atrevemos a decirles que si hubieran hecho caso, si hubieran obedecido todo sería armonía y paz.

¿En qué momento se acaba nuestro tanque de "sabiduría infantil" y se empieza a llenar de "equivocación adulta"? En qué momento nos empezamos a creer dueños y señores de la verdad y nos empeñamos en restregarles a nuestros hijos que lo que decimos es ley cuando muchas veces no es así.

Ojalá ese cargamento de amor y capacidad de perdonar con el que nacen nuestros hijos nunca se redujera y fuera eterno, ojalá en sus corazones jamás tuviera cabida el rencor y el resentimiento que, por lo general, se hacen presentes con la edad. Sería maravilloso que los adultos pudiéramos darnos entre nosotros una segunda, tercera o cuarta oportunidad, exactamente como lo hacen los niños.

Así de poderoso es el amor

Amarlos cuando más lo necesiten, aunque a veces parezca que no lo merecen.

Es común, o era común (antes de saberlo) que cuando lloraba uno de mis hijos de bebé por algo que era imposible de dárselo (como el bote entero de chocolates para que se lo comiera), mi esposo y yo respondiéramos diciendo: *lo siento, no te lo puedo dar. Sigue llorando si quieres.* Otras veces cuando empezaba a hablar no lográbamos entender lo que quería decirnos y obviamente se frustraba tanto que era común que aquello terminara en berrinche, como consecuencia (y por ignorancia) lo dejábamos que llorara y llorara hasta que "el señor" decidía calmarse o, más bien, su cerebro bloqueaba tanta cantidad de cortisol que terminaba por sedarlo.

Entonces pensaba (equivocadamente) que ya se le había pasado su "mal genio" y que yo había ganado la batalla. Me decía: *lo logré*. Hice que mi hijo se diera cuenta de que con sus berrinches no logrará tener lo que él quiere y eso hacía que me sintiera con poder y autoridad.

Cuan equivocada estaba. Gracias al libro *Potencie la inteligencia de su hijo* de Sandra Aamodt y Sam Wang supe que acurrucar, consolar, besar, abrazar y apapachar a nuestros hijos cuando más lo necesiten —aunque parezca que no lo merecen— es garantía de que en un futuro nuestros hijos puedan manejar de mejor manera el estrés y sean niños más resilientes. Increíble ¿verdad? Los estudios que están en el libro demuestran eso y más. Se ha comprobado en algunos animales que utilizan mecanismos similares a los de los seres humanos para manejar el estrés —por ejemplo, las crías de las ratas— que al ser separadas de sus madres durante quince minutos al día se vuelven más resilientes cuando son adultas. Por el contrario, las crías que son separadas por tres horas al día se convierten en adultos más vulnerables al estrés, presentan más ansiedad y son más lentas para aprender que los animales que no son separados. El comportamiento de la rata madre cuando las crías son devueltas a su lado puede ser una de las razones de las diferencias entre las dos condiciones. Ella responde a la separación breve aseando más a las crías, pero después de una separación larga, las tiende a descuidar.

Cuando leí esto pensé, ¿y los niños de guardería? ¿Qué pasa con ellos? ¡Algunos bebés pasan muchas horas desde sus primeros meses de vida en una guardería separados de su madre! ¿Cómo les afecta eso a ambos? Pero seguí leyendo y respiré.

Aunque ninguno de mis hijos fue de guardería por las razones que hayan sido, y tampoco juzgo a las mamás que los tengan al cuidado de alguien más que no sean ellas. Tengo que reconocer que mis hijos crecieron junto a mí, pero, ni los tenía, ni tengo ahora a Sebastián "pegado" a mí las veinticuatro horas del día los siete días de la semana. Dicho esto, me agradó saber que la separación moderada es también buena.

El libro menciona además que hay estudios que demuestran que los monos que son separados durante una hora por semana de su madre crecen manejando el estrés con mayor eficacia que los que nunca fueron separados. En la edad adulta, estos monos *ligeramente estresados* muestran una menor ansiedad, menores niveles de cortisol (la hormona del estrés) y un mejor desempeño en las pruebas de aprendizaje.

O sea que como se dice comúnmente, ni *TAN, TAN, ni MUY, MUY.* Ni tenerlos pegados todo el día, todos los días, ni dejarlos (en donde sea que los tengamos que dejar) sin nuestro cuidado y amor por mucho tiempo.

¿Y qué sucede cuando liberamos cortisol por demasiado tiempo? —por ejemplo, cuando nuestro hijo está expuesto a largo plazo a momentos de estrés ya sea periodos de llanto continuo o separaciones prolongadas de su madre o cuidadora principal. El cortisol es una hormona que inhibe procesos como el crecimiento y la digestión y si este nivel se vuelve crónico también puede conducir a problemas cerebrales, inhibe el crecimiento de nuevas neuronas y altera la plasticidad neuronal (la forma en la que se comunican las neuronas). Mata neuronas en el hipocampo y hace cambios estructurales en la amígdala (parte del cerebro que nos ayuda a regular el sistema nervioso). El estrés crónico hace más difícil el acondicionamiento del miedo y su extinción más difícil.

Un niño con demasiado cortisol en la sangre en sus primeros años de vida será un niño extremadamente temeroso, y en su adultez podría desarrollar problemas como la esquizofrenia, un menor CI y depresión. Lo mismo sucede con las madres en gestación, cuando una mamá está embarazada y está expuesta a altos niveles de estrés hay un riesgo significativo de que esos niños desarrollen autismo.

¿Y qué pasa cuando hacemos todo lo contrario? Ojo, no digo que eliminemos por completo el estrés de la vida de nuestros hijos. Más bien, me refiero a atenderlos cuando lo necesiten, a satisfacer sus necesidades, incluyendo aquellas que creemos que no son necesidades básicas, como besar, abrazar o simplemente acurrucarte con tu bebé y cargarlo todo el tiempo que tu corazón te lo pida, sin miedo a "malcriarlo" o a que se "embracile". Pues aquí la respuesta: el investigador canadiense Michael Meaney descubrió las consecuencias neuronales y moleculares de lamer (en nuestro caso besar y abrazar) y asear a las crías tempranamente. Estos comportamientos maternos desencadenan la liberación de un neurotransmisor que inhibe los genes reproductores de la cortisona y debido a que esto modifica el ADN del cerebro de la cría (o de nuestros hijos) estos crecen teniendo altos niveles de la hormona que inhibe la producción de cortisol, ayudándoles a responder con eficacia al estrés durante toda su vida. Estas crías también llegan a ser madres que lamen y asean mucho a sus crías, con lo que pasan el "beneficio" a la siguiente generación.

Transmitir amor a nuestros hijos es garantía de que nuestros nietos también se verán beneficiados. ¡Qué maravilla!, ¿verdad? ¡Nuestro aporte de amor va más allá de nuestra primera descendencia! Así de poderoso es el amor.

Espero que esto que transmito aquí, te sirva y te inspire a amar más, besar más, apapachar más, sin miedo a nada. Con la completa seguridad de que el amor en exceso es sinónimo de éxito en el futuro de nuestros hijos.

Los primeros 365 días de Sebastián

Se acostumbró a estar en mis brazos, a dormir conmigo, a alimentarse de mí, a no saber estar sin mí, cada vez le era más difícil dejarme de ver, dejarme de oler, de sentir, de escuchar. Se acostumbró también al arrullo de mi respiración, a mi voz cantándole una canción, a mi incansable abrazo y a mi tibio pecho. Conocía muy bien mis besos y nunca sintió la soledad de un bebé abandonado, no tuvo que llorar suplicando alimento ni necesitó esperar a que su llanto lo cansara tanto que irremediablemente cayera dormido por las noches. No ha padecido frío ni miedo, la mayor parte del tiempo está pegadito a mí —cual garrapata a su perro—. Mi tiempo fue su tiempo, mi fuerza fue para él, mi cansancio fue por él también.

Su entorno fue tranquilo y seguro, entre tantos abrazos y corazones amándolo no supo que existe el odio y la indiferencia. Su vida fue y sigue siendo luz y color para todos y llegó para consolidarnos como familia numerosa pero llena de amor también. No sabe el significado del rencor, no creo que tenga la menor idea de lo que es, porque de la misma manera en que felizmente me da los brazos después de despertar; lo hace si por algún motivo me tuvo que esperar unos segundos a que lo atendiera, siempre me quiere con la misma intensidad, no existen "altas y bajas" en su amor...

Y sí, Sebastián se acostumbró y espero que se siga acostumbrando. Que no deje de añorarme como su única salvación, que siga esperando ansioso mi llegada y que no existan otros abrazos y besos que lo calmen más que los míos.

¡Feliz primer año de vida mi pedacito de cielo!

Llegaste a completar, eras lo que nos faltaba...

El amor es algo que cuando se da en exceso —a diferencia de todo lo demás— es mejor

¡Que no te de miedo malcriarlo! Si llora, corre por él. Si te pide brazos, cárgalo y deja todo lo que estás haciendo. La infancia también caduca. Si quiere un abrazo, ¡dáselo! Nada es más beneficioso para tu hijo que el EXCESO DE AMOR. No te límites.

En el libro *Inteligencia Emocional* de Daniel Goleman, leí en uno de sus capítulos sobre la investigación que hizo el psiquiatra Daniel Stern y me pareció muy interesante. Les platico. Resulta que, observando minuciosamente los comportamientos entre madres y sus bebés se dio cuenta de que en la medida en que las reacciones emocionales del niño (llanto, alegría, tristeza, enojo) sean recibidas con empatía y RESPETO por la madre, pero, sobre todo, ACEPTADAS, se logrará mayor SINTONÍA. Hay madres que tienen más sintonía con un hijo que con otro. Por distintas causas. Por ejemplo, en un estudio en específico una mamá tenía más sintonía con uno de sus gemelos (porque en su interior sentía que uno de ellos se parecía más a ella y el otro al padre) se descubrió que cuando la madre respondía con más empatía hacia las necesidades del hijo que —según ella— era más parecido a ella y con el otro no respondía de la misma manera, un año después los niños mostraban gran diferencia, uno era temeroso e inseguro, —el parecido al papá— y el otro —el parecido a ella— era seguro y más alegre. A todo este proceso de intercambio de emociones que hay entre mamá e hijo, pero, sobre todo, de la forma en que la madre las recibe, es definitivo para saber si hay o no SINTONÍA.

La repetición de pequeñas muestras de SINTONÍA o falta de éstas van modelando la manera en la que el niño cuando crezca sentará las bases de sus relaciones personales. Si creció en un medio en donde había sintonía con sus padres, muy probablemente sus relaciones emocionales se basarán en buscar a la persona que tenga sintonía con él o, por el contrario, si el niño crece en un entorno en donde no existió sintonía cuando era pequeño será común que no base sus expectativas en esto cuando busque una relación de adulto.

Tal vez por eso se menciona mucho que repetimos patrones, o que buscamos una pareja muy parecida a nuestra madre o a nuestro padre. Yo creo que más bien estamos buscando a alguien que sintonice o no —si es el caso— con nosotros como ellos lo hicieron cuando éramos pequeños.

¿Y por qué es tan importante la sintonía en la infancia de un niño?

Daniel Stern confirma que los niños que tienen una carencia prolongada de ésta, o sea, que son constantemente ignorados en sus reacciones emocionales y en especial tienen carencia de cariño se vuelven de alguna manera insensibles y en un futuro se convierten en personas sin empatía hacia los demás. Estos niños dejan de intentar pedir atención de sus padres porque en el fondo piensan que no tiene caso intentarlo, al fin que no conseguirán nada. Otro aspecto perjudicial es que en general el niño terminará en un futuro desarrollando las emociones que recibió a lo largo de su infancia. Si el niño recibe, por ejemplo, ira, enojo, tristeza, enfado, humillación, abuso, indiferencia, éste desarrollará lo que constantemente está "absorbiendo". Algo así como plantitas, creo yo.

Si al plantar una semilla procuras regarla con regularidad, ponerla al sol, fertilizarla etc., en un futuro tendrás un hermoso árbol que posiblemente dará frutos. Así me imagino que es la sintonía y sus beneficios en el futuro de nuestras "plantitas-hijos".

Gajes del oficio

Y al final solo se "remojó" en su propia mugre

Regularmente bañamos a los niños Ricardo y yo, mientras uno los baña otro los seca y cambia, así es más fácil y rápido. Pero este día decidí que lo haría yo sola, me dije: si otras pueden hacerlo entonces yo también. Cuando mi esposo está de viaje los baño siempre por separado pero esa noche me animé y los metí a los dos juntos… Gran error.

Sebastián traía el pañal a punto de reventar de tanta pipí que traía acumulada y cuando se lo quité en la sala de televisión pensé que como ya lo iba a meter a bañar no tenía caso ponerle otro. Así que me lo llevé desde la sala de TV hasta mi cuarto, "como Dios lo trajo al mundo". No habíamos terminado de subir las escaleras cuando cual "manguera de bomberos" empezó a "regar" cada escalón que iba subiendo.

Lo cargué y corrí rápido pero solo logré que las paredes quedaran como "grafiti". Cuando llegué al baño ya era tarde porque el señor ya había terminado de vaciar su vejiga.

Ahí empezó la triste historia. Mi idea original era que mientras yo me bañaba escuchando música relajante ellos jugarían en la tina de mi baño (tina y regadera están juntas) de ese modo los tres nos bañaríamos al mismo tiempo y todos felices y contentos…. ¡Aja!

Primero abrí las persianas para que entrara luz, y como están arriba de la tina nadie vería a los niños bañándose así que eso está bien. Luego les llené la tina y sin darme cuenta ya estaban adentro, aproveché para organizar un poco su ropa y sus toallas etc. Cuando de repente escucho como Sebastián cual perro tomando agua, deslizaba su lengua sobre la tina. Tomó quién sabe cuánta agua porque no me di cuenta antes (sí, a veces, soy "mala madre" y no pongo atención, lo confieso).

—¡NO, SEBASTIAN! —se asustó con mi grito y se fue para atrás, corrí con la ropa medio puesta (ya estaba por meterme a bañar) para levantarlo, pero cuando llegué ya se quería salir. Leonardo solo veía como medio desnuda agarraba a Sebastián y trataba de sacarme con una pierna el short atorado en mi pie.

—Ni modo —pensé—. Lo meto a la regadera conmigo. Cuando por fin lo logré, a Leonardo se le ocurrió que quería el agua más caliente, así que le abrió a la llave correspondiente sin tomar en cuenta que sale a tal temperatura que fácilmente podrías "pelar un pollo".

—¡NO, LEO! —le grité mientras abría los ojos como platos— AHORA sí, salí desnuda de la regadera y escurriendo a cerrarle a la llave y al mismo tiempo Sebastián se salió detrás de mí porque parece que se le antojó regar agua por todo el baño.

Cuando por fin me empecé a bañar me percaté de las persianas. Como yo estaba parada y no SENTADA como los niños entonces estaba a la vista del todo el mundo o al menos de los vecinos. De nuevo grité ¡Leo, ciérralas por favor! Aunque al mismo tiempo pensé que sería peligroso que se parara él solito en la tina a cerrarlas, así que volví a salir para cerrarlas yo y junto conmigo de nuevo Sebastián.

Ya súper cansada y apurada bañé a Sebastián, me "medio" bañé yo y nos salimos. Cuando ya tenía a Sebastián limpio y seco para ponerle crema decidió que quería volver a meterse a la tina porque cuando voltee ya estaba el "señor" otra vez en el agua junto con Leo.

Obviamente lo tuve que volver a bañar y terminé diciéndole a Leonardo:

—Ya salte porque tu hermano se va a volver a meter.

—¡Pero, mamá! ¡No me he bañado!

¿Sabes qué le dije?

—Así salte. Sí. Lo admito, no lo bañé, solo se "remojó" y con suerte se le cayó un poco de mugre con el agua.

A él, obvio, no le importó. Lo saqué y mientras terminaba de ponerle el pañal a Sebastián (yo en ropa interior solamente y con la cara y el cuerpo "restirados" por falta de crema) Leo decidió que se iba a vestir. Se puso sus calzones y cuando lo vi traía ¡TÉRMICOS! Esos que usamos aquí en Michigan cuando la temperatura baja a -26°C, pues ese día estábamos a 30°C. ¿Sabes lo qué hice? NADA. Lo vi y pensé: pobre, se va a achicharrar, pero ya no tengo energías para cambiarlo de nuevo y necesitaba peinarme porque mi pelo parecía "estropajo enredado".

En eso llegó mi adorado esposo y cuando le conté todo lo que me había pasado y todo lo que hice, solo se limitó a decir: ENTONCES YA NO LOS TENGO QUE BAÑAR ¿VERDAD?

Nuestra danza nocturna

—Ya hago viscos de sueño, necesitamos dormirnos ya —le dije a Leonardo como a eso de las diez de la noche. Mi esposo ya se había ido a acostar con Sebastián y Diego se suponía que ya tenía rato de haberse dormido.

Toda la casa estaba en silencio y a oscuras, únicamente Leonardo estaba sentado leyendo en su rincón de lectura y yo acostada en su cama leyendo un ratito también. Cabe mencionar que desde que nos mudamos Leo duerme solo en su recámara, pero siempre nos acostamos con él hasta que se duerme y luego ya nos vamos a nuestra cama.

De repente, escuchamos unos pasitos en el pasillo y el sonido de un chupón (ya saben, como Maggie la hermanita menor de Bart Simpson) en ese momento Leo abrió los ojos cual búho.

—¡Mamá, es Sebastián! —luego aventó su libro y corrió a la cama y apagó la luz. Sabía muy bien que si Don Sebastián nos encontraba leyendo y despiertos arruinaría nuestro momento madre e hijo porque tendría que irme a acostar con él a mi recámara (Sebastián todavía duerme con nosotros). Muy apurados, Leonardo y yo, nos acurrucamos mientras escuchaba como Sebastián deambulaba por el pasillo en busca de algún signo de vida en la casa.

Hasta que Ricardo salió de la habitación y se lo llevó a dormir de nuevo, pero en menos de un minuto ya estaba llorando desesperadamente. Después de un rato mi esposo decidió que ya no tenía paciencia y era tiempo de "aventármelo" como si yo hubiera estado en un SPA descansando y no tuviera ganas de dormir como él. Llegaron los dos y se acostaron conmigo y con Leo. Éramos cuatro en una cama matrimonial. Según mi marido así se dormiría más rápido. Yo sabía que eso no sería la solución, Sebastián se la pasó tocando mi cara, mi nariz, mi boca, etc. Como tratando de "reconocerme" porque como no había luz que le confirmara que yo era de verdad su mamá, tuvo que picarme la nariz, los ojos, y literal escanearme. Hasta que le dije a Ricardo:

—No, amor ¡no cabemos! ¡Me voy a mi recámara!

Agarré a Sebastián y me fui (12 a.m.), él se quedó acostado con Leonardo, pero se levantó al baño y en eso entró Leonardo a mi cuarto para decirme:

—Aquí espero a mi papá, no quiero estar solo en mi cuarto —al fin Ricardo salió y se fue con Leonardo a dormir. Sebastián tardó en dormirse otra vez, pero sinceramente no supe cuánto porque me desmayé de sueño.

Al rato siento que llega Ricardo y se acuesta en nuestra cama, pero no pasó mucho tiempo en escuchar de nuevo pasos en el pasillo, solo que estos ahora eran de Leonardo. Ricardo lo acurrucó junto a él (como siempre lo hace) y estábamos de nuevo los cuatro en una misma cama. Como es lógico me estaba cayendo. Así que le dije a Ricardo:

—No, amor, me estoy cayendo. Por favor lleva a Leo a su cama, pesa mucho y ya no lo puedo cargar.

Ahí va otra vez a llevarlo. De nuevo se quedó un rato y después regresó, pero esta vez se acostó cerca de mí porque supongo que ya no había espacio. Sebastián duerme cual manecillas de reloj, gira 360 grados todas las noches. Sin darme cuenta lo empujé y ¡se cayó de la cama! Solo escuché un golpe.

—¡AMOR! ¡Me acabas de tirar de la cama! —exclamó mi marido.

Sebastián se despertó con el ruido, y yo en lugar de pedirle disculpas o mínimo ver qué le había pasado, le dije furiosa:

—¡Shh! ¡Despiertas a Sebastián!

Ahora que lo platico me da risa, pero pensándolo bien ¡pobre! ¡Ni quejarse pudo!

No tengo idea de la hora que era, pero tal vez serían como las 3 o 4 a.m. Tomando en cuenta que ya habíamos "danzado" bastante de una recámara a otra. En eso la Lula decidió que era momento de ladrar y demostrarnos que sus pulmones son poderosos. Quién sabe qué fue, pero ladró como si por enfrente de la casa estuviera pasando la amenaza más grande del mundo y nos fuera a atacar sin piedad... El corazón se me detuvo, salté de la cama cual gato asustado y corrí al pasillo. Ahí estaba la Lula muy enojada ladrándole a los árboles que con el aire se movían. ¡Ay, Lula! ¡Son hojas! (como si la perrita me fuera a contestar ¡ah! Ok, ya me voy a dormir entonces guau).

Ricardo también se levantó, pero él se medio asomó y de inmediato volvió a dormirse en automático. Cosa que yo no pude hacer. Me quedé viendo el techo de la recámara y haciendo mis listas de pendientes en el aire, repasando si los calzones de Diego todavía le quedaban, pensando que no he fumigado la bodega e imaginando de qué manera hacerle para que Leo logre comerse las benditas calabazas. Sí, todo eso y ya no recuerdo qué más pensé.

Pasó la noche y como zombi me desperté por la madrugada. Todos los días hago mi rutina de desarrollo personal y como pude inicié a las 5 a.m., como a eso de las 8:30 se despierta Leonardo y para cerrar con Broche de oro mi "danza nocturna" me dice:

—Me hice pipí, mamá.

—¡Ay no, Leo!

—Sí. ¡De verdad, mami! Yo creo que fue un accidente —me dijo muy angustiado.

Subí a cambiar las sábanas y el cubre colchón y la sobre cama y la funda y ¡todo! En eso escucho que Sebastián se despierta y me doy cuenta de que, él también amaneció empapado de pipí. Así terminó mi noche o inició mi día, como lo quieras ver. Con "cerros" de ropa sucia y más cansada y desvelada que de costumbre.

Cuando despertó Diego solo se limitó a decir:

—Qué deliciosa noche, mamá, dormí como piedra, (increíble que no haya escuchado ni a Leo ni a Sebastián ni a Lula, ni el golpe de Ricardo, ni el aire).

—Qué bueno, mi cielo —le contesté.

Como esa noche hay muchas, pero muchas en el año, pierdo la cuenta siempre, algunas veces es un hijo, otras, es el otro, pero siempre estoy "en guardia".

Ser mamá no tiene descanso. Incluso cuando todos descansan, lo bueno es que lo que te mantiene alerta es el amor y con ese incentivo una mamá es capaz de no dormir por varias noches y aun así atender a sus hijos por la mañana como si hubiera dormido como piedra.

"Para todas las mamás que danzan por las noches en la oscuridad de su hogar".

Mi berrinche: fiel reflejo de inmadurez

Solo fue un segundo. Lo juro. ¡No fue más tiempo! Pero cuando me di cuenta Sebastián tenía su bracito adentro del escusado. Sí, adentro. Supongo que quiso investigar si podía haber algo más interesante en el hoyo del inodoro.

Corrí como loca y le saqué el brazo y su pijama escurriendo, le lavé las manos y le vacíe casi una botella de gel desinfectante en cada centímetro de su piel. Pero para ese momento (ocho de la noche) mi vaso de paciencia estaba lleno, ¡llenísimo! ¡rebosaba ya! Lo de Sebastián no fue "la gota que derramo el vaso". Fue el diluvio que logró que saliera "La Niña Berrinchuda" que vive dentro de mí y que de repente (más veces de las que me gustaría) se hace presente.

Grité. Regañé por el desorden. Aventé cosas, "fulminé" con la mirada a mis tres hijos, apagué luces y me fui a mi cuarto sin decir buenas noches. No hubo diferencia entre una niña de cuatro años renegando porque el sabor del helado que le dieron era diferente al que ella pidió y mi actitud de ese día. Mis hijos corrían asustados y recogían sus cosas apurados. Leonardo de dos añitos cerró la tapa del escusado tan rápido que casi la quiebra. Diego se puso a ordenar sus cajones en ese momento con una rapidez sorprendente y hasta la Lula (mi perrita) huyó de mi ira. Solo escuché cómo se metía abajo de la cama y salió de ahí hasta que pensó que estaba "fuera de peligro" (o sea hasta que me medio calmé).

Esa noche. Ese día, terminó así.

¿Qué me pasó? ¿Qué mensaje recibieron mis hijos esa noche de mi parte? ¿Cómo puedo lograr que ellos tengan mejor y mayor control de sus emociones si yo no soy capaz de controlar las mías? ¿Por qué reaccione así? ¿Es normal? ¿Todos tenemos "derecho" a explotar de vez en cuando?

Todas esas preguntas me hice esa noche, y al otro día, y hoy todavía me las hago. Algunas de ellas las he podido responder gracias a libros que he leído.

Lo que más me ha preocupado sobre lo que sucedió esa noche fue lo que mis hijos vieron de mi comportamiento. Fue el darme cuenta de que ese "berrinche" fue un fiel reflejo de inmadurez de mi parte por mi falta de capacidad para regular mis emociones. Esa inmadurez es normal porque desde que naces hasta los veinte años sigues desarrollando esa capacidad, es parte de nuestro desarrollo cerebral (según los libros) pero cuando ya tienes treinta y nueve años y tres miradas sobre ti no es aceptable.

Resulta que cuando eres niño, las partes del cerebro en donde se producen las emociones maduran más rápido de lo que lo hace la parte del cerebro que las controla y las maneja. Es por eso por lo que la vida con un niño es un albur y así tiene que ser, es lo normal. No es culpa de ellos, no está en sus manos saber de autocontrol porque son niños.

Yo –en cambio— ya no soy una niña. Mi parte del cerebro que regula las emociones está completamente desarrollada y mi autocontrol debería de existir en su totalidad, pero, en ocasiones, no es así. Saber esto, más que ayudarme a darme cuenta de que no tengo justificación para ese tipo de arranques me sirvió para desarrollar más tolerancia hacia mis hijos. Sus emociones están siempre a punto de arrancar, cual caballo listo para la carrera, pero a su corta edad no hay jinete que los dirija. Al menos dentro de ellos. En este caso, el jinete de sus emociones debería de ser yo. ¿Por qué yo? ¡Porque yo soy la mamá! ¡Yo soy el adulto aquí! Yo, (se supone) tengo madurez emocional. Está comprobado que esas partes de mi cerebro que regulan todo mi comportamiento emocional, a mi edad, están completas. No tengo excusas.

Cuando lo supe, me sentí un poco mal. No voy a mentir, pero me abrió los ojos en muchos aspectos. Comúnmente le he dicho a mi esposo que deseo que mis hijos sean mejor que yo, ese me gustaría que fuera mi legado. Que si soy débil en algo ellos no lo sean, si sufro por la incapacidad de regular mis emociones y reacciones, ellos tengan la posibilidad de hacerlo al crecer, pero ¿cómo logro eso?

Los libros de crianza hablan de muchos temas. Pero este en particular me interesó porque cambió mi perspectiva de los berrinches y malos comportamientos que tienen mis hijos a su corta edad y me demostró (con estudios) que no es que me hayan llegado con temperamento o carácter *defectuoso*. La respuesta es muy sencilla, es parte de su desarrollo y es normal la carencia parcial o total de regular sus emociones porque simplemente no pueden.

Después leí lo maravilloso que sería promover el autocontrol en mis hijos, los resultados son enormes y sus beneficios los ves a corto, mediano y largo plazo. Los niños con más autocontrol son más empáticos porque la parte del cerebro que desarrolla esta habilidad es la misma en la que se desarrolla el autocontrol. Así de simple.

Somos seres humanos complejos, todos nuestros órganos están conectados con nuestros sentidos, cada sensación vivida o experiencia aporta algo a nuestro cerebro y el hecho de poder tener este tipo de información es invaluable en nuestro trabajo como padres. Dejar de lado los prejuicios e ideas con las que hemos crecido fue para mí una revelación, algo así como ver en alta definición cosas que antes no veía. Gracias a la tecnología, a los científicos, los psiquiatras, los psicólogos, los neurólogos y los benditos libros, podemos darnos cuenta ahora de muchas cosas que son mentira, como por ejemplo que un niño puede desarrollar límites por su propia voluntad y es capaz de regular sus emociones. O que los niños que ven satisfechas sus necesidades rápidamente por sus padres y estos a su vez son mas sensibles y atienden a sus hijos cuando demuestran alguna emoción (tristeza, enojo, desesperación, etcétera) se vuelven niños demandantes. Nada está más lejos de la realidad. Sucede todo lo contrario. *Los padres que son más sensibles a las necesidades de sus pequeños y responden velozmente a sus señales emocionales tienden a criar hijos que son mejores regulando sus propias emociones.*

Acurrucarme con mis hijos, besarlos, hacerles cosquillas y decirles al oido… "Te amo, eres lo más maravilloso que ha llegado a mi vida" es algo que me encanta hacer. Podría estar hibernando igual que un oso: sin moverme de mi cama horas y horas, con mis tres pollos junto a mí, mientras nos espulgamos unos a otros como monos. Esos momentos son oro puro y gasolina para mi vida. Ahora que poco a poco mis hijos van creciendo, voy descubriendo que son más que eso, mucho más.

Ahora sé que el calor maternal y la fuerza del vínculo entre la madre y el hijo también se correlacionan con la capacidad de autocontrol en los niños. En otras palabras, una buena relación con la mamá puede ser una fuente de fuerza de voluntad a largo plazo.

Sí, así como lo lees. Ese es el nivel de importancia que nuestras "muestras de amor" representan en la vida de nuestros hijos mientras son pequeños.

Pero te preguntarás ¿cómo le hago para ayudarlos en su desarrollo del autocontrol?, lo primero sería autorregularnos nosotros y después guiarlos para que reconozcan y validen sus emociones y así aprendan a lidiar con ellas. Yo suelo decirle a Leonardo cuando lo veo enojado por algo:

—Leonardo, ¿explícame por qué te sientes así? ¿Estás enojado? ¿Frustrado? ¿Triste? ¿Qué pasa? Dime, ¿qué estás sintiendo? Muchas veces ni siquiera él lo sabe, pero su comportamiento cambia totalmente cuando se da cuenta y le pone nombre a su emoción, luego le explico que es normal que se sienta frustrado, por ejemplo, pero que no es aceptable que golpee a Sebastián porque le rompió un libro cuando el pobre tiene un año y no lo hizo a propósito. Me sirve decirle que yo también estaría molesta y enojada pero que podría servir pedirme ayuda para reparar el libro sin necesidad de darle un jalón de pelos a su hermano. De esta forma, lo ayudo a reconocer su sentimiento sin dejar de validar su emoción, pero canalizándola por así decirlo. El hecho de que yo me ponga en su lugar le hace saber que la empatía es importante.

¿Hacía esto antes de leer sobre este tema? Sí, aunque no sabía muy bien porqué, tal vez es porque la vida se apiada de nosotras las mamás y nos manda señales para poder criar a nuestros hijos de la manera correcta. También le podría llamar intuición. Sin embargo, hay cosas que hacemos que les ayudan y muchas otras cosas que los perjudican, informarnos es nuestra obligación como "arquitectas de vidas" y "desarrolladoras de futuros", por eso en este libro te comparto con todo mi corazón lo poco o mucho que he aprendido de lo que he leído.

Para terminar este tema te quiero comentar que leo de todo y para todo, pero en lo que se refiere a crianza le doy más crédito y veracidad a los libros escritos por autores especializados y respaldados en estudios y desarrollo del cerebro (me encanta este tema). No todos los consejos van bien a nuestros hijos, y eso es algo innegable. No podemos cortar con la misma tijera a todos los niños, pero el cerebro es el mismo, y con esto no hay pierde. Saber acerca de este maravilloso órgano y cómo funciona me dio la pauta para entender y responder muchas preguntas que nadie nunca me supo aclarar.

Espero que te sirva y siembre esa semilla de duda para que investigues más del tema y hagamos de la maternidad una carrera con maestría, honores y demás. Siempre esperando una recompensa positiva en un futuro que parece muy lejano, pero llega en segundos.

El día que mis hijos lleguen a su adultez (si Dios me lo permite) y logre ver en lo que se han convertido sabré si esos libros que tanto leí, comenté y compartí tenían razón.

Corría como gallina sin cabeza la tarde en que nació Sebastián

Eso hacía Ricardo cuando le dije:

—Amor, creo que se me acaba de romper la fuente…

Fue un sábado de limpieza. Me dio el síndrome del nido hasta los huesos y quería que la casa estuviera impecable para cuando llegara Sebastián. Todavía faltaba un mes para mi fecha de parto así que dije hay que limpiar ya. Como yo no podía moverme mucho me limité a indicarle a Ricardo donde mover y limpiar, mientras que yo me senté en el cuarto de los niños a organizar sus juguetes. Llegaron las cinco de la tarde y como es costumbre Ricardo preparó la cena. Los sábados cocina él. Me fui a recostar un ratito al sillón y de repente escuché: ¡PUM! Exactamente como si Sebastián hubiera abierto una botella de Champaign dentro de mi panza. Qué rara patada —pensé— hasta la escuché, pero en ese momento recordé que una amiga me dijo: ¿Sabías que cuando se rompe la fuente se escucha? Yo la verdad pensé que estaba inventando. ¡Eso es imposible! Pues comprobé que no lo es. Se escucha, tan claro como si destaparas una tina de baño. Sin embargo, lo que me hizo pensar que era la fuente no fue el sonido sino lo otro, ¡el líquido! Que, en cuanto me enderecé para sentarme no dejó de salir.

—Amor, creo que se me rompió la fuente —ahí, en ese momento, Ricardo empezó a correr como "gallina sin cabeza". Lo veía que iba y venía por toda la casa y le decía a Diego y Leo:

—¡Rápido! ¡A tu mamá se le rompió la fuente! Leonardo solo puso de cara de: ¡¿qué se le rompió?! mientras Diego gritaba.

—¡Ya va a nacer! ¡Ya va a nacer!

Creo que todavía no le queda claro a Leonardo qué es lo que ese día se me rompió.

Me cambié y cuando iba para la puerta me di cuenta de que la mesa estaba puesta en la cocina y la lasaña lista en el horno. Había copas y velas esperándonos y lo único que pude hacer es "absorber" el delicioso olor que despedía la comida y subirme a la camioneta para irnos al hospital. Todavía me pregunto, ¿a qué sabría esa lasaña?

Cuando ya iba saliendo escuché que Ricardo encendió la camioneta, abrió el portón y por poco se arrancaba sin mí. Lo bueno es que se acordó que tenía que ir yo también al hospital para que Sebastián pudiera nacer.

Cuando salí, me dijo muy apurado:

—¡Ándale, Amor! ¡Ya vámonos! —ahora que reflexiono no sé porqué me dijo eso. Ni modo que necesitara que me recordara que me tenía que apurar. Si alguien tenía prisa de llegar al hospital era YO. Ya me estaba subiendo cuando de repente grita:

—¡ESPERA! No te subas todavía. Te voy a poner un pañal de la Lula (nuestra perrita) para que no ensucies —de que Ricardo es "limpio" no hay duda.

No tenía contracciones. Iba muy tranquila, mis otros dos hijos nacieron por parto natural y pensé: ya me la sé, todo estará igual y bajo control… ¡Qué equivocada estaba!

Al llegar al hospital me bajé (todavía) muy sonriente. Me ingresaron y cuando llegué al cuarto me preguntaron si quería la epidural. Dije que sí, pero como todavía no me dolía tanto les dije que me podía esperar (alguna vez escuché que si entrabas en labor de parto y pedías la epidural pronto se "detenían" las contracciones) así que según yo podía aguantar más, pero de repente sentí una contracción muy fuerte.

—Ahora sí, ¡quiero la epidural! —muy tarde era ya. Tenía ya seis centímetros de dilatación y aunque me la pusieron, me sirvió para prácticamente nada.

Sentí que me iba a morir. Jamás tuve un dolor así, con Diego y Leo sentí como haber ido al baño, ¡literal! Pero ese día, le apreté tanto la mano a Ricardo, que prácticamente se la dejé morada. Recuerdo que yo les gritaba que la epidural no había servido. ¡¿Qué pasaba?! ¡¿Por qué no estaba funcionando?! Ahí a mi lado estaba el enfermero que me la había puesto, nervioso, sudando y disculpándose en inglés. La verdad quién sabe qué tanto decía, porque si en mis cinco sentidos entiendo el inglés con esfuerzo ¿imagínate con ocho centímetros de dilatación? Solo recuerdo que le dije a Ricardo con "lumbre" en mis ojos:

—¡¿Qué tanto dice este hombre?! —ahora que lo platico me da risa, claro. Pero yo creo que si se hubiera acercado más a mí, de seguro lo ahorco sin compasión.

—Se está disculpando amor —dijo Ricardo— te está preguntando que si quieres que te la vuelva poner.

—¡¡¿Qué?!! —le dije— dile que se vaya. ¡Ya no quiero escuchar sus lamentos! ¡Con los míos tengo! ¡GRACIAS!

Llegó el momento en el que sentía que ya no podía más y que Sebastián nacería en ese preciso instante y no había nadie para recibirlo. O sea, ningún doctor enfrente de mí o "abajo" de mí (como lo quieras ver) entonces grité:

—¡Por favor! ¡Que alguien agarre a mi bebé! —todas las enfermeras se voltearon a ver con cara de "esta señora está loca". Yo creo que pensaron: ¡Obvio que el doctor va a recibir al bebé! ¡No necesita decírnoslo!

Al fin llegó la doctora y me dijo:

—No funcionó la epidural ¿verdad?

No tuve que hablar. Bastó con que ella me mirara a los ojos y escuchara mis lamentos, esos que tanto critiqué en algunos programas de embarazo-nacimiento. Ahora las entiendo y jamás podría volver a decir: *"Pero ¡qué exagerada!, ¿por qué grita tanto esa mujer?"* Ahora digo y pienso que son las mujeres más valientes del mundo.

Y nació mi tercera bendición

Me lo pusieron inmediatamente en mi pecho. Estaba tan tranquilo y apacible que le pregunté a Ricardo asustada:

—¡¿Por qué no llora?! —de repente Sebastián abrió su boquita y sus ojitos me voltearon a ver... Ahí, en ese instante se me olvidó todo el sufrimiento. Fue increíble como mi dolor prácticamente desaparecía si me enfocaba en él. Si lo veía y acurrucaba junto a mí, surgía una especie de "anestesia" en mi cuerpo. Yo sé que es difícil de creer para quienes no han vivido un parto natural sin epidural, pero fue real y así lo sentí. Después de que Sebastián naciera siguieron haciendo los "procedimientos" de rutina que hacen en todos los partos naturales y que, además, son muy dolorosos. Yo sentía absolutamente todo: la aguja, los puntos, el movimiento. Sin embargo, me dolía muy poco. Increíble, lo sé. Estoy segura de que el dolor era mínimo porque tenía a mi pedacito de cielo en mis brazos, sano, tranquilo y feliz, y para mi cerebro y corazón eso era suficiente.

¡¿Tomamos fotos?! ¡Nada! ¡Ni una! Ricardo se limitó a decirme:

—Amor, mira lo que me hiciste —con una cara de dolor que parecía que quien había tenido al hijo había sido él, y no yo.

Me enseñó su mano aplastada con un pequeño rasguño.

—¡¿ES EN SERIO?!… —le dije mientras temblaba sin parar gracias a los efectos secundarios de la anestesia que al final ni me sirvió.

—No te creas. ¡Ni me duele tanto! Se me hace que tú sufriste más…

No hay ninguna foto que congele el momento de su llegada a este mundo, sin embargo, nunca estuve más consiente y sentí tanto poder dentro de mí. Lograr que Sebastián naciera sin el efecto de ningún analgésico, con los sentimientos a flor de piel y sin ningún fármaco que me hiciera perderme del milagro de la vida en su totalidad, me hizo darme cuenta de la fortaleza con la que contamos las mujeres en el momento de dar a luz. Sí, pareciera que vas a morir (al menos eso sentí yo) pero al final siempre llega esa hermosísima recompensa que respira, vive y siente.

Sebastián nació antes de lo esperado. Llegó a mi vientre después de lo previsto. Como siempre es Dios quien decide y da forma a tus sueños, pero sin duda alguna, siempre que se realizan sus planes es garantía de bendición.

Fue más o menos así

—Mamá— me dijo Diego, mientras salía del baño—. Te tengo una mala noticia. Sebastián echó uno de mis zapatos al escusado, y el otro lo echó al plato de la Lula.

Me lo dijo con un semblante de paz que en ese momento juraba que estaba bromeando. Pero no. Era verdad. Y lo peor no fue eso, o sea la mala noticia no era que Sebastián había echado ¡el zapato al inodoro! Lo PEOR DE LO PEOR, LO MÁS MALO DE LO MÁS MALO fue cuando me dijo:

—Esa no es la mala noticia mamá —continuó Diego.

—¡¿Qué?! —le dije— ¡¿Qué más?!

—Lo que pasó es que yo no me di cuenta de que el zapato estaba adentro del escusado y pues hice del baño...Y no fue pipí —dijo mi adorado hijo.

En ese momento solo me agarré la cabeza con mis manos y respiré tan profundo que mis pulmones se inflaron tanto como los de una ballena, luego me cubrí la cara con mis manos como tratando de "esconderme" de la realidad —como si tapándome la cara, fuera lo mismo que trasladarme a la Patagonia o a algún lugar muy lejano en el que no tuviera que sacar del escusado un zapato lleno de....

Abrí mi mano un poco y solo asomé un ojo para preguntarle:

—¿Diego es broma verdad? Dime que no es verdad, dime que no te sentaste, hiciste del baño y cuando te paraste para bajarle te diste cuenta del zapato.

—No, mamá, no es broma —así exactamente fue.

Me volví a tapar la cara como le hace uno en el cine cuando ve una película de suspenso y solo asoma un "pedacito" del ojo como si haciendo eso los hechos se modificarán.

—¡¿Y el zapato?! ¡¿Qué pasó con el zapato?! —le dije.

—¡Ah! ¡No te preocupes mamá! Eso ya lo arreglé. Lo saqué y lo puse en el bote de la ropa sucia.

—¡¿Qué?! —casi me da el patatús. Sentí cómo se me erizaban los pelos y estoy segura de que mis pupilas se dilataron tanto que perdí el color de mis ojos— ¡Pero, Diego! ¡¿Por qué hiciste eso?! ¡¿Había ropa en el cesto?!

—Sí, ¡¿por qué?!

—Pero ¿cómo se te ocurrió poner el zapato lleno de ...? ¡Junto con la ropa!

—¿Pues dónde lo ponía? ¡Estaba sucio!

Y tenía razón, estaba sucio, asqueroso, contaminado.

—¡AY, DIEGO! —solo alcancé a decir, prácticamente, antes de dejarme caer en el sillón con la imagen en mi cabeza del dichoso zapato acomodado muy cómodamente entre mis blusas y mi ropa interior.

Para terminar esta triste historia solo me limité a indicarle lo que tenía que hacer. Agarró unos guantes, metió el zapato a una bolsa y lo tiró a la basura. Menos mal que era un zapato viejo y que prácticamente le quedaba apretado. Así que puso el par en la bolsa y los tiró. Cuando me armé de valor y fui a checar el cesto de la ropa para meterla a lavar, me di cuenta con INMENSA alegría que no estaba sucia de "eso". Lo que pasó fue que Diego puso el zapato con "la parte sucia" hacia arriba y gracias a esto la ropa se "salvó" de haberse ensuciado o tal vez de haber terminado en la basura como sucedió con los zapatos.

Mi relato podría parecer simple y sin importancia, pero para mí fue un momento en el que pensé: ¿Cuántas veces mi esposo se tendrá que enfrentar con este tipo de situaciones? No es que menosprecie su trabajo ni mucho menos, pero las cosas que suceden en el día a día de cualquier mamá pueden ser retos tan difíciles como los que enfrentaría cualquier persona en cualquier otro oficio. Con la única diferencia de que no recibimos un peso por nuestra labor.

Yo vivo en mi hogar, preocupaciones, angustias, desafíos, proyectos y momentos no tan agradables como el que les acabo de platicar. Lo vivo, día a día, como muchas personas lo viven en su trabajo y eso hace que mi labor como mamá de tiempo completo esté llena de todo también.

Cuando suceden cosas así y las logro superar (aunque solo sea un zapato en el escusado) me "pongo" una estrellita en la frente y aunque muchas veces la experiencia no es nada placentera esa parte de mí que me anima y me echa porras siempre me dice:

Ni modo, Adriana, esto también es parte de ser mamá, lo que acaba de pasar solo fueron: GAJES DEL OFICIO.

Mamá nómada

La "aventura" de emigrar a un nuevo país: con mis hijos, mi esposo, mi perro y ocho maletas de ropa

En un inicio pensé: ¿Quién dejaría todo para irse?! Nadie —solía decirme—. Sin embargo, hoy sé que no es así. Somos más de una las familias que nos atrevemos a "comenzar de nuevo" cuando se suponía que ya teníamos bases establecidas. ¿Es de valientes emigrar? Claro que sí. No cualquiera decide dejar su "zona de confort" y aventarse a lo desconocido, a lo incierto y por si fuera poco con un equipaje tan valioso como lo son tus hijos.

La incertidumbre fue el principal sentimiento (al menos en mí) cuando llegué a lo que sería mi nuevo hogar. Pero se fue disminuyendo y opacando por esa inexplicable sensación de haber logrado lo que en tu cabeza parecía imposible, no solo el proceso de la mudanza, si no cosas tan simples como manejar en un lugar diferente, llevar a la escuela a tus hijos e interactuar con sus maestros (en otro idioma), adaptarte a la cultura, etc. Pero cuando vas "logrando" cada reto que parecería simple y cotidiano, te sientes poderosa, y dices: ¡mira! Sí pude… Así vas avanzando cada día hasta que sin darte cuenta eres parte del entorno.

La empresa que contrató a mi esposo nos dio dos opciones: vender todo (casi regalar y comprar acá lo indispensable para vivir) o contratar mudanza, ellos nos darían el dinero para lo que nosotros eligiéramos.

Elegimos vender. Primero se fue un florero, luego unas velas, la verdad ni sentí que me faltaban. Pero pasaron los días y de repente llegaron por las camas de mis hijos y la sala, en ese momento "me cayó el veinte": *me voy y mis cosas se fueron para nunca volver.* El que diga que es fácil desprenderse de lo que le costó juntar en diez años, miente. Tuve que dejar ir: mis cuadros que yo misma pinté, los cojines que mi mamá me ayudó a confeccionar, los portarretratos que lucieron mis mejores fotos, la sala que nos acompañó en Ciudad Juárez, México y Monterrey, los libros de mis hijos que les leí tantas veces, y en general mi vida plasmada en lo material. Un día platicando con mi hermana me dijo:

—Estás en curso intensivo de desprendimiento de lo material —y fue verdad. Exactamente así me sentía. Ver cómo mi casa se iba quedando vacía me puso triste, no lo puedo negar, pero Dios es bueno y siempre encuentra la manera de demostrarnos que está con nosotros. En esa ocasión lo hizo a través de los mil y un abrazos de despedida de toda esa gente que quise tanto, se manifestó con las reuniones en mi honor que me dieron un respiro entre tanto caos, con cada buen deseo de aquellas personas que me querían y que yo no sabía cuánto, con el apoyo de amigas que más bien se convirtieron en hermanas.

Me llamó la atención que, a veces, de quien menos esperas apoyo, lo recibes, y viceversa. Aquellas personas que me ayudaron, aconsejaron, escucharon y oraron por mí de verdad, que lo hicieron incondicionalmente y no habrá forma de que yo personalmente les regrese el favor, así que, para mí, su oración tiene más mérito.

Tal vez no seré yo la que los apoye en un futuro cercano a todos y cada uno de los que estuvieron en ese proceso, pero Dios sabrá recompensar su ayuda, de eso no tengo duda.

Vi cómo fueron quedando pocas de mis cosas. Sentí nostalgia por lo que se fue y nervios por lo que venía. Diego, mi hijo, hizo su última competencia de natación una semana antes de mudarnos y me preguntó si sería la última en México.

—No lo sé, mi cielo, pero esta etapa de tu vida ciérrala con broche de oro. Y así lo hizo, logró varios primeros lugares y terminó súper satisfecho.

Al final lo único que agregó fue:

—¿Entonces cuando vaya a las olimpiadas será representando a Estados Unidos? —me dio mucha risa, sin embargo, no me importa si no llega ni a los nacionales porque él ya se vio en las olimpiadas y para cumplir un sueño hay que cumplirlo primero en la mente.

Aquí lo recibió otra escuela de natación, otro entrenador, otro equipo, pero es allá en México en donde se inició, así que llegue a donde llegue sus bases son de allá, en donde le dieron su primera oportunidad como parte de un equipo.

Todavía recuerdo cuando su primer profesor de natación me dijo en la Ciudad de México —que es donde residíamos en ese momento y Diego tenía apenas tres añitos— que llegando a Monterrey siguiera nadando. Y así fue. ¡Increíble que el tiempo pase tan rápido! Cuando supe de nuestra mudanza inevitablemente pensé: ¿y dónde seguirá nadando Diego?

Mientras lo poco que mandamos llegaba a Michigan y Ricardo mi esposo buscaba departamento y preparaba todo para nuestra llegada, nos quedamos un mes en Chihuahua con mi familia. Disfruté enormemente estar en casa de mis papás y que mis hijos convivieran con sus abuelos durante un mes completo.

Todo parecía normal, claro con todo lo que conlleva un cambio de esta magnitud, y de pronto anuncian que gana las elecciones para presidente de ese país un candidato que no simpatizaba mucho con los migrantes. Recuerdo que esa noche no dormí, en las noticias decían cosas tan horribles que no pude dejar de pensar en mis hijos y en su entorno. Diego que se entera de todo, me dijo:

—Mamá, un niño me dijo que estaban "cazando" mexicanos como en los tiempos en que la gente de color no era bienvenida en ese país, y yo no quiero que me lleven al bosque y me maten.

Me quedé sin palabras, solo lo abracé muy fuerte y le dije:

—¿Crees que YO, tu mamá, te llevaría a algún lugar en donde pudieran hacerte daño? —pero mi corazón temblaba, no lo niego, sin embargo, creo que con lo que le dije fue suficiente porque después estuvo muy tranquilo. Además, su papá ya estaba allá y le decía cosas increíbles de esa ciudad, que con el tiempo lo pudimos confirmar.

Yo no puedo hablar de la experiencia en general de los latinos en Estados Unidos, pero sí puedo hablar de la mía. No solo nos han recibido con los brazos abiertos. Hemos encontrado que la mayoría no piensa como el presidente que ahora está en el poder. La escuela recibió a mis hijos como jamás lo imaginé y en ningún lugar al que he ido me he sentido incómoda de ser lo que somos, al contrario, he encontrado que te ayudan y tienen paciencia para escucharte y entenderte cuando tratas de comunicarte. Como en todo el mundo hay gente que no es feliz y necesita que lo sepas. También de este tipo de personas nos hemos encontrado, pero no me lo tomo personal y prefiero enfocarme en lo bueno que en lo que algunas personas sin educación pudieran decir.

Hay muchas cosas que me gustan de vivir acá, principalmente la calidad de vida, y no hablo de la cantidad de dinero que percibes, no, hablo de algo más valioso, por ejemplo, la indescriptible sensación que me da el ver a mis hijos creciendo en medio de tanta naturaleza. El que puedan tener un segundo idioma, que Diego sea entrenado por alguien que fue a las olimpiadas y éste se convierta en su inspiración, que mi esposo pueda pasar los fines de semana sin estar "pegado" al celular y que después de las cinco de la tarde —de verdad— haya terminado su jornada laboral (claro con sus excepciones). Me encanta ver cómo mis hijos conviven con amigos, coreanos, alemanes, mexicanos, estadounidenses y niños de familias de color sin ni siquiera notarlo. También me fascina el nivel de honestidad que se maneja aquí, lo hemos comprobado varias veces y me gusta que mis hijos crezcan en ese entorno de respeto. Como ya lo mencioné hay sus excepciones, pero son las mínimas, tengo que reconocerlo, y, por último, nunca me imaginé encontrar una comunidad de mexicanas tan unidas. Aquí sí que no vale tu "estatus" social ni tus estudios, todas "cojeamos de la misma pata" y nos entendemos a la perfección. ¡Me encanta!

Me he mudado más de una vez. Para ser exacta llevo seis ciudades, ocho casas y dos países (uno fue de soltera pero igual cuenta), y por esa razón me han dicho: tú ya estás acostumbrada. Pero no, todavía no lo hago, mucho menos si me voy a un país que no es el mío, con otra cultura, idioma, costumbres etc. Sin embargo, confirmé que en los planes de Dios no hay trabas ni obstáculos, todo fluye. Y así fue, todo fluyó.

Llegué con poco. Muy Poco. Extrañé cosas tan simples como mi pistolita de silicón, el exprimidor de limones que realmente exprimía, mi almohada preferida, la taza en donde me "cabía" más té, mis sartenes, etc. La primera noche en nuestro nuevo hogar improvisamos una mesa de cartón con cajas de lo poco que enviamos y que consideramos imprescindible como fotos, papelería importante, libros de mis hijos y nuestros. Inflamos dos colchones y pedimos una pizza. Recuerdo que Leonardo jugaba con el "eco" que se escuchaba. La casa era prácticamente un cubo vacío, pero estábamos felices y emocionados de estar juntos. Estoy segura de que más de una se identificará conmigo. No quiero jamás olvidar esa noche. Qué bendición tener a tu familia alrededor de la mesa, aunque esta mesa sea de cartón.

Como todas las decisiones de vida que tomamos tienen una consecuencia, esta decisión no es la excepción. Solo Dios sabe si será buena o mala, pero confiamos en que será para mejorar porque pusimos en una balanza los beneficios que como familia íbamos a tener al arriesgarnos a cambiar nuestro rumbo de vida y según nuestros propósitos la mayoría de estos se cumplen en este país. Estoy segura de que cada familia tiene sus razones para emigrar y todas son válidas, lo más importante es dar el primer paso y confiar en que la decisión no fue tomada solo por ti, sino de la mano de Dios, y eso ya es garantía.

Y todo por un SIMPLE perro

Estaba flaca, tenía sarna, pulgas, gastritis, colitis y lagañas, de verdad que estaba fea, pero Diego mi hijo la eligió… Así fue como llegó LULA a nuestra vida; fue un octubre hace seis años en Monterrey (la ciudad en donde vivíamos), hay un lugar en donde los domingos te "prestan" a un perro para que lo lleves a caminar un rato. Son perros que están en adopción y si te animas te lo puedes quedar por la módica cantidad de seiscientos pesos. Bueno eso pensaba yo, porque rehabilitarla me costó más, mucho más. En un principio mi esposo no quería, me dijo: *ok, adóptala, pero no esperes que algún día la bañe, la saque a pasear o le dé de comer.* Ajá. Bastaron unos meses para que se enamorara de ella y hoy en día hasta duermen de "cucharita" de vez en cuando. De hecho, es motivo de pelea marital ganar a la Lula durante el invierno, para que ella se acurruque a nuestro lado.

Todavía recuerdo cuando la llevé al veterinario a checar porque tenía todo lo que ya les mencioné. El doctor me dijo muy contento:

—Señora, usted acaba de adoptar un amigo fiel para toda la vida, esta perrita sabe que usted la rescató y estará agradecida siempre.

Y así ha sido. No hay nadie más fiel a mí que mi Lula. A excepción de mi esposo, espero. Nadie me espera minutos y minutos afuera del baño y si me descuido se mete conmigo y se acuesta en el tapete, y mientras me baño y canto mis canciones favoritas, ella escucha atentamente. Es capaz de durar horas y horas por las noches en una posición "incómoda" solo para que yo no me despierte. No existe en este planeta otro ser vivo con la paciencia de ella, y Leonardo mi hijo de ocho años lo sabe. Es por eso por lo que le construye casitas con cojines y cobijas y ella se puede estar ahí sentadita o acostada hasta que el "constructor" termina su obra. Hay momentos en los que Leo se aburre y se va, y ahí se queda la Lula esperando a que decida volver y "liberarla" del "edificio" en construcción.

Hubo una vez en que mi refrigerador se descompuso y lo separé de la pared para ver qué era ese ruido que se escuchaba. Sin darme cuenta la Lula se metió atrás de mí, entre la pared y el refrigerador. Yo, obvio que no me di cuenta. Así que cuando terminé de localizar de dónde venía el ruido, me salí de ahí y volví a empujar el refrigerador hacia atrás. Gracias a Dios que no lo pegué a la pared. Preparé la cena, cenamos, empecé a recoger los platos y de repente me pregunté, ¿y la Lula? ¿Dónde está? La buscamos y solo escuchábamos que respiraba con la lengua de fuera, hasta que "descubrimos" que ¡se había quedado atrás del refrigerador! Se había metido junto conmigo al "hueco" y ya no salió. Lo bueno es que no estaba caliente y no salimos de la casa, si no, ahí se hubiera quedado quién sabe cuánto tiempo. Lo mismo sucede en mi clóset, en la alacena, en el carro, y es que es mi sombra— literal— está en donde estoy. No importa lo incómoda que pueda estar o sentirse. Es por eso por lo que siempre tengo que estar al pendiente de que no se quede "atorada" en algún lugar…

Cuando la adoptamos pensábamos que estábamos haciéndole un favor a esa perrita, pero resultó todo lo contrario. Ella llegó a nuestro hogar a enseñarnos lo que nadie nos había enseñado. A mis hijos les enseña todos los días el respeto y amor por un ser vivo. Mi hijo mayor sabe que si no le da de comer tendrá hambre, se preocupa cuando está aburrida, le limpia sin renegar y cuida que nunca en la vida se nos pierda. A Leonardo, ella le enseña todos los días la hermosa cualidad de la paciencia y el amor hacia el prójimo. Él cree que será su compañera eterna de juegos, así que en su momento le enseñará el valor de la vida y aprenderá a valorar y cuidar a los que nos rodean mientras están vivos… A mi esposo le enseñó que no existe corazón tan duro que no se "ablande" con cuatro patas y una nariz húmeda… Ahora, después de años me dice muy serio:

—Ya decidí que después de Lula no tendremos un perro más, porque no existe en este mundo otro perro como ella.

Así de grande es su amor por nuestra mascota.

A mí, me enseñó que tener una mascota no es tener un SIMPLE perro, es "completar" esa parte que todas las familias deberían de completar, esa pieza que embona en el corazón de cada miembro a su manera, y es así como los perros nos enseñan lo que necesitamos aprender. a unos les enseña una cosa y a otros otra.

Cuando íbamos a mudarnos a Estados Unidos la gente me preguntaba: ¿Y la Lula? ¿A quién se la vas a regalar? ¿A poco te la vas a llevar? ¿Sabías que es muy caro tener perros allá? Además, ¡es un simple perro! A todos esos comentarios solo contestaba: ¡Sí! Es como si buscara a quién regalar a mis hijos. La Lula es como otro hijo (al menos para mí).

Efectivamente no fue fácil ni barato. Mi esposo tuvo que negociar con la empresa que lo contrató, su traslado y seguro. Acá, tuvimos que buscar una casa o departamento en renta que aceptara perros y descubrimos que en todas te cobran un seguro y depósito extra por tener un simple perro. Transportarla tampoco fue fácil. Tuvimos que comprarle su jaula, llevarla a un exhaustivo examen de salud, que mi esposo viajara exclusivamente para traérsela y después de todo eso, por fin, tener a nuestra Lula aquí. Llegó casi dos meses después que nosotros y un poco mareada del viaje, pero les juro que sonreía, tengo fotos que lo comprueban. ¡De verdad sale sonriendo! Jamás vi a un perro tan feliz, pero, lo más importante fue que jamás vi a mis hijos tan felices.

Toda mi vida he tenido perros, pero nunca me tocó ninguno como mi Lula. Es por eso por lo que creo verdaderamente lo que ese veterinario me dijo acerca de que los perros adoptados son diferentes, y tiene que ser así. Nosotros recibimos a la Lula un sábado, pero un martes anterior a ese día estuvo a punto de ser sacrificada en la perrera. No me pregunten si ella sabía eso, pero parecería que sí. A veces, la observo ahí acostadita a mi lado y me encantaría que hablara y me contara quién era su dueño anterior, ¿lo extrañará o no?, ¿está feliz de ser parte de esta familia? Me pregunto constantemente qué fue lo que le formó ese corazón tan noble e infinitamente agradecido. De qué manera es que Dios decidió premiarnos con compañeros tan leales —como los perros— que pareciera que somos nosotros primero que ellos mismos.

Algunas veces, pienso que no tiene memoria, porque después de un regaño viene a mí con ese amor incondicional que la caracteriza, sin importarle que por algo que hizo mal yo la hubiera regañado, pero luego recapacito y pienso que si no tuviera memoria no me esperaría ansiosa cuando llego a la casa y me recibe como si tuviera años sin verme. Aunque solo haya salido por la correspondencia. Nadie en esta casa me recibe igual. Ni mis hijos. Y lo mismo con mi esposo, cuando llega del trabajo, aun antes de que llegue, ahí está ella pachoncita y peluda sentada en la puerta de la entrada lista para recibirlo con su "cola" a todo lo que da.

Mi Lula es, sin duda, una bendición más en mi hogar y de la misma forma con la que agradezco a Dios por muchas cosas más, agradezco por ella. Porque estoy segura de que no fue casualidad que aquel día de octubre de entre quinientos perros nuestras miradas se cruzaran y al elegirla a ella sin darme cuenta estaba haciendo una nueva adquisición que le daría más sentido a mi vida, a la vida de mis hijos, pero, sobre todo, a mi hogar.

¡Y que vivan los simples perros! ¡Especialmente, los adoptados!

Cuando mi esposo nos deja [Nos pasa a todas, pero nadie lo dice]

En un mes solo nos acompañó una semana, lo vi hacer y deshacer su maleta muchas veces, los niños se acostumbraron a estar sin él. O al menos eso siguen intentando. Para tener éxito profesional (muchas veces) hay que "moverse" de lugar. Eso es algo que alguna vez escuché de mi papá y de mi suegro. Ambos fueron exitosos en sus carreras y en sus trabajos, pero igual que ellos, con Ricardo mi esposo, se repitió el patrón. Mi mamá y mi suegra estuvieron solas muchos días, semanas, meses y años. Y ahora yo.

Me lo he preguntado mil veces: ¿Cuándo lograré acostumbrarme? Que sufro menos eso es verdad, que me organizo más, es cierto, pero que lo extraño igual. De eso no hay duda. Dejé de lado mi profesión, mi desarrollo personal, mi tiempo y gustos. En fin, me convertí en el "escaloncito" que muchas veces él necesitaba para poder subir. Y no me refiero a que me tuviera que pisar. Más bien a que él pudiera encontrar apoyo en mí, cuando lo llegó a necesitar.

Me he puesto a pensar en qué hubiera pasado si las cosas hubieran sido al revés, que él hubiera cortado sus alas para apoyarme profesionalmente a mí. Seguramente seguiríamos en la primera ciudad. O quién sabe. No me quejo, al contrario, recibí mucho de ese lugar. Mi primer hijo nació ahí. Y las bases para mi hermosa vida como familia se formaron ahí también. Pero hemos recorrido y conocido tantos lugares que no me arrepiento ni un segundo de haber dejado todo para emigrar. Pasó el tiempo y con los años y muchas mudanzas llegó el paso más grande y difícil, paso que no imaginamos dar nunca. Emigrar a un país distinto.

Alguna vez escuché que dejar todo y mudarte a un entorno completamente distinto al tuyo es de valientes. No cualquiera se atreve a dejar su zona de confort y brincar a lo desconocido. A una cultura, idioma y clima diferente.

Podría pecar de presumir, pero no puedo negar que mi pecho se llena de orgullo cuando reconozco que seguí y animé a mi esposo para que aceptara un nuevo puesto aquí. Para toda la familia fue difícil adaptarse. Lo sigue siendo. Pero me he propuesto firmemente ver lo positivo de mi entorno y respiro este lugar como el mejor del mundo. Puedo pasear con mis hijos sin miedo y ellos reciben más oportunidades de las que recibirían en otro lugar.

Mis días sin mi *socio* se resumen a correr más, cansarme más, organizarme más. Los horarios de mis hijos los tengo que cubrir solo yo, y justo en esos días respeto mucho más a las madres solteras. Merecen un reconocimiento mundial por ser y hacer lo que, para dos, a veces, es imposible. Me resulta inevitable pensar también en las que trabajan fuera de su hogar y llegan a seguir trabajando en su casa después de una agotadora jornada laboral de más de ocho horas. Para ellas también existe de mi parte un reconocimiento, y creo que en ellas aplicaría perfectamente el sustantivo de *súper mamá*.

Ricardo generalmente se va los lunes y regresa los viernes, pero para el jueves ya ando como gallina desplumada. Y si en esa semana se le ocurrió a alguno de los niños enfermarse, solo porque creyeron que sería más "interesante" ver cómo me parto en tres para atenderlos a todos, entonces para el miércoles ya ando arrastrando los pies.

Hay semanas pesadísimas en donde me la paso de "Uber" y Sebastián come, cena y desayuna en el carro. Sin embargo, hay otras que no. Para qué negarlo. Hay esas que son una delicia y me organizo tan bien que para las ocho y media de la noche ya están todos bañados, cenados y roncando. Entonces abro la alacena y despacio saco mi tesoro escondido.

Con mucho cuidado abro la bolsa de papas fritas que procuro que mis hijos no descubran, —ni se coman— y mientras les pongo chile piquín, chamoy, limón y salsas me sirvo un súper vaso de Coca Cola. Cuando escucho el sonido de las burbujas en el vaso, siento cómo mi tensión empieza a desaparecer, y las papas son testigo fiel de que las veo con ojos de enamorada, mientras mi boca sonríe como si frente a ella estuviera el manjar más exquisito que jamás haya probado. ¡Sí, sonrío! No lo niego. Le sonrío al plato de papas.

Luego enciendo la TV y busco una película en donde los animales no hablen ni canten (la que sea, la verdad no me importa) y me dispongo a disfrutar de mi festín. Intento describir el momento, pero toda palabra se queda corta para la satisfacción que recibo en esos minutos.

Algunas noches cuando Ricardo me llama del hotel para decirme que nos extraña y está aburrido nos ponemos a platicar un rato, pero hay otras veces en las que le digo que estoy a punto de ver una película y entiende perfectamente que necesito mi tiempo y me deja disfrutar. Lo sigo extrañando, pero no puedo negar que la soledad, muchas veces, es una compañera que aporta muchas cosas positivas a mi vida emocional. Particularmente, si te rodeas de tres seres humanos (como yo) que te "chupan" la energía hasta dejarte seca, pero al mismo tiempo te llenan el corazón.

Son esos ángeles que se disfrazan de amigos

No hay manera de poder especificar dónde, cuándo y cómo se hicieron presentes, pero lo intentaré. Fueron llegando a nuestra vida de a poco en poco, Dios los ha ido "dosificando" según su plan, unos llegaron antes, otros después, pero TODOS y cada uno aparecieron en el momento preciso. Algunos de ellos se entrelazaron tanto en nuestra historia que ni los miles y miles de kilómetros que nos separan han podido desaparecer esa conexión que se creó cuando la vida hizo que nuestros mundos coincidieran. Otros más, se perdieron en el camino, el contacto continuo desapareció y con él se llevó la comunicación que hubo muchas veces mientras nuestra vida transcurría en el mismo lugar y espacio. Sin embargo, a esos amigos que ya no volvimos a ver y tampoco volvimos a escuchar, fueron y siguen siendo parte fundamental de nuestra historia de vida.

Imagino mi corazón como un condominio con mil habitaciones, muchas de ellas ya están ocupadas y conservan pedacitos de vidas compartidas entre ellos y nosotros, otras están en la espera de que lleguen nuevos, pero sigue habiendo espacios disponibles para los que vienen. Siempre hay lugar para más.

La primera vez que tuvimos que empacar y volar a nuevos rumbos, lo primero que pensé fue en ellos. No me importó mi casa, mi carro, mi entorno físico, el dejar a mis amigos fue el "pero" de esa primera mudanza. Sin embargo, no tuve más remedio que empacarlos en mi alma y luego instalarlos en su "habitación" designada para cada uno de ellos muy dentro de mi corazón. Al llegar a nuestro nuevo destino, la hermosa y activa Ciudad de México, ahí se agregaron más, no fueron tantos porque permanecimos muy poco tiempo en esa ciudad, pero sí fueron muy valiosos.

Después llegamos a mi querido Monterrey, yo digo que una tercera parte de mi alma es regia y la otra tercera parte de Durango, lugar donde nací y viví los primeros seis años de mi vida, y para completar mi "revoltura" de orígenes, mi familia se asentó finalmente en Chihuahua. Así que soy de tres lugares que, en conjunto, forman una. Eso es en lo que se refiere a mi infancia. A partir de que me casé empezó mi vida de nómada "en serio". Me mudé a Ciudad Juárez y dejé a mis amigas de la infancia y adolescencia, no sufrí mucho porque tenía la seguridad de que volvería a verlas, y no me equivoqué. Sigo visitando mi ciudad y cual cedazo que separa las cosas, así de igual forma se quedaron esas amigas y no he padecido el triste e inevitable olvido que sufren algunas personas cuando dejan su nido.

Ellas fueron las primeras en habitar mi corazón, con ellas se inauguró mi "corazón de condominio". Luego lo ocuparon esos ángeles disfrazados de personas que se hicieron presentes en mis primeros años de matrimonio. Después de México llegó a nuestro destino Monterrey, ahí sin duda se agregaron más, muchos más, pero no todos han permanecido. Me percaté de que al final de nuestra historia en esa ciudad no valía la pena ocupar espacio con algunos que no lo valoraban y desalojé algunas "habitaciones" que hoy en día son el rinconcito en donde descansan otros más, que sin imaginarlo se convirtieron en familia. Son solo unas cuantas habitaciones las que siguen ocupadas por mis amigos de Monterrey, pero tengo que reconocer que esos pocos muy bien podrían hacerse merecedores de una suite presidencial por el simple hecho de estar y acompañar cuando más lo he necesitado…

De nuevo a empacar, de nuevo a guardar, de nuevo a organizar y volar a nuevos rumbos. Se llegó el día en que Michigan nos esperaba. En esta ocasión nuestro corazón iba más contento, ni cómo negarlo, ahí nos esperaba una pequeña porción de familia (mi cuñado, su esposa y sus tres hijos) y ellos se encargaron de presentarnos a sus amigos que hoy por hoy son nuestra familia postiza.

Ahora que lo pienso pareciera que esos ángeles que Dios nos presentó en esta ciudad nos estaban esperando, llegamos como a completar un rompecabezas y nos amoldamos muy bien a todos y cada uno de ellos, yo no sé si fue que al ser familia expatriada hace que sea inevitable buscar a los tuyos y rastrear a lo que te recuerde un poco tu país y por consiguiente hacer que sea menos difícil soportar la inevitable nostalgia de saberse lejos de tus raíces. Pero tener en nuestro entorno a más mexicanos, fue bálsamo que calmó muchas veces la ansiedad de la distancia.

Estos cuatro años en el norte de Estados Unidos, han sido maravillosos, hemos vivido experiencias que jamás imaginamos, unas malas y otras buenas, en todas han estado ellos. Algunas veces, en los momentos más grises, ni siquiera hemos tenido la necesidad de llamarlos, simplemente aparecían en nuestra puerta sin previo aviso solo para recordarnos que estaban ahí, siempre ahí. Los amigos que se hicieron presentes en esta época de nuestra "vida en movimiento" han sido parteaguas en nuestra historia, este cambio tan radical ha sido difícil y lleno de incertidumbres, pero con ellos de cerca todo ha sido más fácil. Los momentos compartidos se han convertido en instantáneas que adornan mi, a veces, cansado corazón. Los abrazos recibidos en los momentos en los que no podía ni sostenerme en pie, se han convertido en antorchas que me alumbran continuamente.

Son muchas las personas que estoy acomodando en mi alma, algunas se hicieron presentes solo una vez, pero eso bastó para facilitar nuestro caminar en esta aventura, sin embargo habrá los que seguirán presentes por siempre, habrá aquellos que ni la distancia ni el tiempo podrán borrar, cuando la vida decida volver a cambiar nuestro rumbo me los llevaré muy acurrucados en mi corazón, jamás olvidaré las tardes de risas y juegos, los viajes en su compañía, las pláticas y consejos dados. Empacaré en mi "maleta mental" los planes en donde nos hicieron parte y los muchos cumpleaños que festejamos como una verdadera familia.

A todos esos ángeles disfrazados que nos acompañaron y nos siguen acompañando: Gracias por ser y estar, por hacerse presentes y hacer que nuestra vida se reinicie cuando nos encontramos a su lado.

Tercera parte

Cuando lo que escribe es el corazón

A lo largo de mi vida, he escrito un sinnúmero de cartas. La gente que me conoce sabe lo mucho que me gusta expresarles casi siempre por escrito lo que siento. Así que la mayoría de las personas que forman mi círculo familiar más cercano, mis amistades y todas las personas a las que tengo la suerte de conocer de manera directa, tienen una muestra de esto que ahora mismo comento.

Termino este libro así, porque estas cartas reflejan mi sentir más profundo, además, deseo compartir contigo la bendición de haber obtenido el gozo de la escritura. Seguramente ejemplo y legado de mi padre quien también amaba escribir.

Aunque todavía no estoy segura de si lo hago bien o mal, sí sé lo mucho que me gusta; escribir es para mí, un acto sin esfuerzo. Recuerdo que alguna vez alguien me dijo que, si algo no te costaba trabajo hacerlo, seguramente era un don y, por supuesto, los dones hay que compartirlos.

Algunas de estas cartas y pensamientos fueron dedicadas a personas en particular, y fueron escritas en diferentes etapas de mi vida. Son páginas en las que el verdadero autor es el corazón, y mis manos y dedos fueron sus instrumentos para poder expresar lo que, algunas veces, me era difícil decir. He decidido transcribirlas de la manera tal cual como fueron escritas. Estoy segura de que habrá más de una carta en las que, tú y yo, habremos de identificarnos.

A mis hijos

Fuiste y sigues siendo mi ensayo de mamá

(A mi hijo mayor en su cumpleaños número once)

Querido Diego:

Fuiste y sigues siendo mi ensayo de mamá, mi prueba y error. Recibiste mis primeros errores y aguantaste mis temores de principiante, con paciencia me enseñaste a ser mamá, me diste la oportunidad de aprender de ti, de equivocarme en ti, de crecer en ti. Con cada acierto madurabas un poco más y con cada equivocación yo aprendía un poco más. Preparaste el terreno para Leonardo y Sebastián, me llenaste de confianza y de seguridad que sólo el primer hijo puede dar, me demostraste que no eres tan frágil y débil y que de algo tan imperfecto como yo puede surgir un ser humano tan maravilloso como tú.

Feliz cumpleaños número once, Diego, fuiste, eres y siempre serás mi fortaleza de amor. Deseo que Dios me permita verte crecer y que tú siempre tengas la completa seguridad de que Te Amo mucho más de lo que las palabras pueden expresar...

Tu mamá

Leonardo, esto es para ti

Querido Leonardo:

Tal vez vas a leer esta carta cuando tengas más edad y si Dios te concede hijos me encantaría que la volvieras a leer. En estas páginas está plasmado un pedacito de tu hermosa infancia y te podrás dar cuenta de que la vida de un ser humano a los siete años (o a cualquier edad) es maravillosa; ponte cómodo y disfruta tu "fotografía escrita".

Leo, eres mi debilidad, mi perdición, me tienes ¡completamente enamorada! No hay, no existen otros hombres en este mundo que hagan que mis ojos brillen más, tú y tus hermanos me tienen en sus manos. Y lo saben. En tu caso haces lo que quieres con Diego, con tu papá y conmigo. Con Sebastián no todavía porque aún no puede comprobar lo adorable que eres. Sí, a veces, también eres chillón y enojón. Te desesperas fácilmente y te quejas más de lo que a mis oídos les gustaría escuchar. Reconozco que es común que mi paciencia no quiera ni asomarse cuando estoy contigo.

Pero, eres mi chillón, mi enojón, mi creación. Eres ese pedacito de mi ser en el que me reflejo muchas veces. No sé si algún día inventen la manera de "medir" el amor. Si existiera el recipiente estoy segura de que no cabría todo el que siento por ti. ¡Qué suerte que el amor no se mide por peso porque sería la persona más obesa de este mundo! Es más, contagiaría mi obesidad a todo el que estuviera cerca de mí de tanto amor que tengo hacia ti.

Amo tu manera de ser. Eres auténtico y único. Tienes un alto grado de honestidad que deberíamos de tener muchos adultos. Sabes perfectamente lo que es correcto y evitas a toda costa que se haga lo contrario. A tus siete añitos amas leer. Te encanta jugar Minecraft. Adoras las sábanas lisitas y te gusta dormir con el brazo adentro de la funda de la almohada. Siempre quieres usar mamelucos y cuando quieres verte guapo te pones corbata y camisa. Dices que cuando crezcas y trabajes vas a comprar a todos los perros de las tiendas de mascotas y los vas a cuidar tú. Todavía no estás seguro de lo que vas a estudiar, pero por tus gustos bien podría profetizar que te convertirás en veterinario. También dices que tendrás muchos animales en tu casa, algo así como veinte perros, nueve gatos y muchos hamsters.

Ya sabes sumar y restar. Amas a Diego, haces todo lo que él hace. Es por eso por lo que cuido que sea un buen ejemplo para ti. Eres visual como yo. Te gusta todo lo que es armonioso a la vista, lo sé porque eres el único que nota mi decoración en la casa y si cambio o muevo algo de lugar me lo mencionas.

Eres guapo, muy guapo, tan guapo como tus otros dos hermanos. Todavía no te has empezado a descomponer por la natural "caducidad" de la niñez, (aunque luego se componen, siempre hay unos años en los que los niños no son muy agraciados), sobre todo esos años en los que la adolescencia empieza a hacerse presente... luego vuelven a ser guapos, ¡guapísimos! Al menos a los ojos de mamá...

Mi pollo amarillo. Deseo salud absoluta en tu vida, que todo te llegue en la justa medida, ni antes ni después. Que los planes que Dios tiene para tu hermosa vida se cumplan al pie de la letra. Que sigas añorando mis brazos muchos años más. Que sigas siendo mi eterno desafío de maternidad y que jamás se te acaben esas ganas de estar junto a mí...

Tú y tus hermanos son las cosas más hermosas que mis brazos han acurrucado y mis labios han besado... Feliz cumple, MY LOVE. Te amo.

TU PRIMER AMOR (tu mami)

Cuando vienes después de dos

Querido Sebastián:

Vienes en camino cuando ya me encuentro más cansada. Cuando mi tiempo lo tengo que repartir entre tres y no uno. Cuando mi juventud se está yendo o tal vez ya se fue y no me había dado cuenta. Llegas cuando no queda mucho espacio en la casa y tus cosas están empalmadas en un rinconcito esperando tu llegada. Me estás encontrando más desvelada, más agotada física y emocionalmente, con menos disposición a los berrinches y con menos paciencia definitivamente.

Estás llegando a un hogar en donde eres tú el que se tendrá que amoldar a nuestro estilo de vida y no nosotros a ti, y ¿por qué?, porque tus hermanos ya tienen rutina. Porque tal vez me será imposible acurrucarme contigo y admirar cada dedito gordito que Dios te formó. Porque tendrás que adaptarte a nuestros horarios y quién sabe, pero tal vez, aprenderás a comer, caminar o dormir mucho más rápido de lo que aprendieron Diego y Leonardo como un simple y sencillo reflejo de "supervivencia".

Llegas a mi vida cuando no me preocupa mucho la cantidad de ropa que tengas en tu closet, al fin que ahora sé que la usaras muy poco. Tampoco me importa que todo sea nuevo, ahora no hay diferencia entre un monitor a color o uno en blanco y negro (con que te pueda ver y escuchar es suficiente). Hoy busco el car seat más liviano y no el más caro ni el de moda. Hoy sé, que la mejor carriola es la que se dobla con una sola mano y sobre todo pesa menos.

Ahora sé también, que no necesitas miles de cobijitas, porque llegará el día en que te vea cómodo con una en especial, y las demás permanecerán dobladas y guardadas. Esta vez sé que algunas de las cosas que antes pensé imprescindibles, realmente no lo son.

¡Cuánta diferencia entre el primero y el tercero! ¡Cuánta experiencia podemos "acumular" las mamás después de dos! Sí, definitivamente me encuentras diferente. Tu entorno no es el mismo con el que recibí a tus hermanos. Pero, aun así, llegarás a un hogar más relajado, menos silencioso, pero a la vez lleno de amor, no solo el mío y el de tu papá, ahora también estará reforzado con el amor de tus hermanos que te esperan con ansias.

Ya no me asusta la idea de no dormir por la noche alimentándote, o de recibir de nuevo al ratón de los dientes. Tampoco me molesta volver a buscar los mejores zapatos para que aprendas a caminar como lo hice en su tiempo con tus hermanos. Cuando llegas después de dos, todas esas cosas son camino que ya recorrí e inevitablemente me llena de seguridad saber con anticipación lo que viene en tu vida. Ahora sé que esta etapa pasará rápido, tan rápido que ni cuenta me daré, pero sobre todo que inevitablemente extrañaré.

Esta vez, estoy más relajada. Sí, más relajada, más segura. No llegas con una mamá temerosa de bañarte en la regadera desde el primer día, ni con una mamá que corre al hospital cuando tienes treinta y siete punto cinco grados de temperatura. Llegarás además a un entorno que, aunque no está al cien por ciento preparado para ti, sí está mil por ciento emocionado de tenerte. No solo yo y tu papá contamos los días, ahora lo hacemos toda la familia y no hay momento en que podamos imaginar los años venideros sin ti.

Es cierto que mi edad tampoco es la misma, pero mi experiencia también cambió. Todo lo que sucede con respecto a ti ya no me es tan desconocido y eso me da una tranquilidad que no tuve con tus hermanos.

Una cosa más que no puedo dejar de decirte es que te estoy disfrutando como jamás imaginé. El simple y sencillo hecho de saber que serás el último en escuchar mi corazón "desde dentro" y que mis compras por el área de "bebés" serán las últimas, me hace valorar incalculablemente el milagro de la vida. Contigo en camino todo es más especial y cada mameluco, ropita, cuna y hasta el termómetro son compras que "saboreo" inmensamente porque sé que no las repetiré. Elegir tu carriola me ha hecho sentir como si estuviera comprando mi mejor outfit y todo, absolutamente todo lo que veo para bebés pareciera que es algo que no puedo dejar de comprar. Gracias a Dios que mi experiencia me hace entrar en razón y darme cuenta de que no necesitas ni el 50% de lo que anuncian.

Ahora, después de dos, lo más importante es tenerte tan cerquita como pueda para que tengas la seguridad de que aun siendo el tercero y último en llegar jamás dejarás de ser tan bienvenido como los demás. Ya te amamos Sebastián, y aunque sé que contigo en nuestra vida sin duda tendremos las manos más ocupadas estoy segura de que nuestros corazones estarán también más llenitos de amor...

Tu mami

A mi hijo que esperaba una hermana y no un hermano

Querido Diego:

Sé que deseabas con todas las fuerzas de tu corazón que el "Garbancito" fuera niña, sin embargo, Dios decidió que no, decidió que lo que le hacía falta a nuestra familia era otro príncipe como tú y Leonardo. No te voy a mentir, al principio yo también lloré y pregunté, ¿por qué no nos enviaste una niña, Dios? Después recapacité y recordé que Dios siempre tiene un plan para todo. Él sabía que desde que estabas en mi pancita te llamarías Diego, sabía que te gustaría nadar y escribir, sabía que vivirías en Cd. Juárez, Monterrey, México y después en Michigan.

Él sabe también dónde vivirás cuando crezcas y qué vas a estudiar. Dios lo sabe todo. Y jamás se equivoca. Así que este bebé que viene en camino también es plan de Él. Lo envía niño porque sabe que es lo mejor para todos, es lo mejor para mí porque tú y Leonardo son lo mejor que me pudo haber pasado, porque no puedo imaginármelos niñas, así hombres, son perfectos para mí.

Yo por otro lado sigo siendo la Reina del hogar y la consentida de papá. Me encanta que hagan pipí parados y en los viajes les baste una botellita para no tener que bajarnos al baño. Amo saber que no tengo que ponerles enjuague al bañarse y peinarlos es relativamente fácil y rápido (¡claro cuando no andan tan peludos!) estoy tan acostumbrada a los legos, aviones, carritos, superhéroes y todos los juguetes rudos que hay para niños que no creo que quepan princesas en nuestro hogar. Y, por si fuera poco, no existe en este mundo un mejor ejemplo de hermano mayor que tú. Tienes simplemente todo lo que un hermano mayor debe de tener y Leonardo está aprendiendo mucho de ti; así que me hace muy feliz saber que otra personita en este mundo seguirá tus pasos. Tu ejemplo es tan positivo y maravilloso que alcanzará para influenciar a más de un hermano.

Estoy feliz de que Dios haga más grande a nuestra familia. No puedo esperar para que me ayudes a repetirlo después de comer. Tampoco para que le enseñes a nadar y lo detengas de su manita cuando empiece a caminar. Llegará el momento en el que lo ayudes a sentarse por primera vez y te deslices con él en el trineo de nieve. Podrás enseñarle los cuentos que tanto te gustaron a ti y estoy segura

de que te amará tanto como te ama Leonardo, y lo mejor de todo es que podrás bañarte con él y disfrutar de un buen baño de tina, al fin que los dos serán chicos y tendrán "lo mismo".

Serás inmensamente feliz con este bebé y él lo será a tu lado, no tengo la menor duda...

Tu mami que te ama tanto como todos los peces que habitan el mar...

A mi hijo de "en medio" en su cumpleaños número ocho

Querido Leonardo:

¿En qué momento pasaron ocho primaveras, ocho veranos y ocho inviernos? ¿Cuándo supuse que el tiempo se detendría y seguirías

siendo el bebé pachoncito que tuve en mis brazos hace apenas algunos años?, pareciera que te acosté por la noche en tu cuna, te besé, abracé fuerte y al otro día cuando fui por ti, te habías convertido en un niño de ocho años que me pedía desesperadamente más cartas de Pokémon para su valiosa colección.

Yo sé que no fue de repente, estoy consciente de que pasaron muchas lunas para que llegara este día. Pero para mí, fueron segundos. Aunque hemos vivido de todo y mi corazón y cerebro tienen pedacitos de tu historia bien archivados, algunos pareciera que se van desvaneciendo o tal vez solo se están sustituyendo por nuevos recuerdos. No lo sé.

A veces, creo que debiste de haber sido el primero porque, aunque pasen los años sigues siendo mi reto de maternidad. Contigo me graduaría —si existiera la universidad de los padres— con honores y maestrías y doctorados teniéndote a ti como examen final. Ser tu mamá hace que me sienta capaz de educar a nueve hijos más. Claro, ¡si es que hago lo correcto contigo!

En fin, me pones a prueba constantemente y eso me encanta, no hay zona de confort contigo. Todo es un desafío. Agradezco que Dios te confiara a mi cuidado y protección, y que haya elegido mi vientre para que te engendraras. Contigo a mi lado, mi querido Leo, todos mis sentidos están alerta. Nadie saca lo mejor (y, a veces, lo peor de mí), pareciera que cuando yo voy, tú ya vienes y aunque nadie hace que yo lea más libros de crianza que tú, estoy feliz de que seas mi vitamina diaria. Ni el sol en pleno verano me inyecta tanta energía y vitalidad como tú. Por las noches al acostarme se pasean por mi mente esos momentos en los que pediste, hablaste, gritaste y peleaste de más y en general llegaste al extremo en muchas cosas. Sin embargo, no puedo dejar de reconocer que también hubo otros momentos en ese día, en los que reíste a carcajadas como nadie lo hace. Me miraste con la sinceridad que ya casi no existe en este mundo. Me abrazaste con tal fuerza que mi corazón se exprimió junto a tu pecho de tanto amor que sintió y viviste ese día como si fuera el último de tu existencia.

Siempre hay algo hermoso que aprender de ti, siempre aportas algo más a mi vida, siempre llenas esos espacios en blanco en donde yo suponía que ya tenía cubiertos. Muy pocas de las preguntas que me planteo a diario con respecto a tu educación son contestadas en mi cabeza. Sin embargo, contigo a mi lado me creo capaz de hacer lo humanamente imposible.

Deseo para tu hermosa vida que pase lo que pase nunca dudes de mi amor. Que cuando me veas fracasar y equivocarme sea para ti enseñanza pura y que tu futuro sea tan brillante como tu presente. Que Dios siempre te rodee de personas sinceras y logres ser el veterinario que sueñas llegar a ser. Que tengas los diez perros que dices que tendrás. Que Dios te conceda los tres hijos que planeas tener. Que tengas todas las consolas de video juegos del mundo y seas dueño de todas los GAME STOP del país. Que puedas ir a todas las tiendas de animales a comprar a todos los perros (para que ya no los vendan) y los adoptes tú. En fin, deseo con todo mi corazón que todos y cada uno de tus anhelos se cumplan y que siempre seas inmensamente feliz. Pero, sobre todo, que disfrutes el proceso. Ese que olvidamos saborear porque estamos muy enfocados en el resultado sin darnos cuenta de que la felicidad no es un destino si no un camino que recorrer.

Muchas felicidades mi solecito. Para que tengas una idea de lo mucho que te amo, cuenta las estrellas, y cuando termines... Agrega una más.

Tu mami

Celebrando 12 años siendo mamá

Mi nueva identidad, es decir, en lo que me convertí y que ahora soy los trecientos sesenta y cinco días del año y las veinticuatro horas del día, llegó para quedarse. No extraño lo que fui porque no creo que otro rol en mi vida pudiera haber sacado las fortalezas con las que ahora cuento. Tampoco creo que otra identidad ponga a prueba todos y cada uno de los instintos dormidos durante veintisiete años y los lleve al límite casi todos los días de mi vida.

Esta carta es más que una felicitación, es más bien un agradecimiento. Sí, un verdadero agradecimiento de amor hacia ti Diego, mi hijo mayor. Tal vez tú no lo sabes, pero hace doce años que mi mundo se transformó y pude conocer el verdadero amor incondicional.

Diego:

Gracias por tu paciencia conmigo, por tolerarme tantas veces y padecer el terrible síndrome del primero que hace que los papás muchas veces cometamos los errores que no cometeremos con el segundo o el tercero. Gracias por convertirte (sin querer) en mi maestro de vida y recordarme lo que ya había olvidado resultado de esta terrible enfermedad de la adultez.

Gracias por darte el tiempo de escucharme cuando ni yo sabía de lo que estaba hablando, por confiar en mi como jamás imaginé alguien podría hacerlo y por convertirte en mi modelo de vida en muchas ocasiones.

Querido hijo: por tu corazón han pasado ya doce primaveras y doce veranos. Parecen pocos, pero me han dado mucho. No sé de qué manera te convertiste en mi experimento de mamá y aceptaste tu rol, como un borreguito acepta la idea de ser despojado de su hermosa lana.

Sin un solo reclamo de tu parte has lidiado con mis prácticas de mamá primeriza y por azares del destino o más bien la ayuda de Dios mi receta aplicada en ti ha resultado un verdadero éxito. Eres todo lo que imaginé que serías, en realidad eres más. Mucho más. Desde el dedo meñique de tu pie izquierdo hasta la punta de tu oreja derecha eres perfecto. Físicamente eres guapísimo. Para mi corazón no existen personas más hermosas en este mundo que tus hermanos y tú, ¡Sí, ya sé que soy tu mamá!, pero aun así mi corazón dice la verdad. En caso de que llegara a equivocarme en eso del físico, hay una parte de ti que no tiene rival, y esa es tu cariñoso corazón y tu bondadosa alma.

Incontables noches me acuesto pensando qué habré hecho contigo que hizo que te convirtieras en este ser de luz que ahora despierta todos los días en mi casa, despeinado y con unos cuantos granos en la cara. Y lo mucho que disfrutas en una habitación repleta de libros, con medallas incontables de natación, revistas de comics en el piso, y unos audífonos en el escritorio que esperan pacientemente todos los días a que te sientes a pasar un rato con ellos mientras dibujas tus historietas que crees firmemente podrían llegar a convertirse en el Best Seller del futuro.

Un día, que no recuerdo exactamente cuál, llegaste a la cocina y me dijiste —mamá, escucha esta canción, creo que fue escrita para mí— la canción básicamente hablaba de que las personas le llamaban loco, diferente, distinto y todo lo que se considera fuera de lo ordinario en una persona, pero que gracias a esos atributos había llegado lejos en su vida.

Una parte de mi se preocupó pensando que tu propia percepción era la de una persona diferente en el mal sentido de la palabra, pero luego razoné y me di cuenta de que no ha existido persona que haya dejado huella o legado en la historia de la humanidad sin que hubiera sido catalogada como "fuera de lo normal". Qué orgullosa me siento de tu extravagancia y originalidad, de tus ansias locas de aprender más y arriesgarte más; de tu extremo sentido del humor y tu forma de ver la vida con los lentes del optimismo.

Gracias por cada competencia en la que me has permitido gritar tu nombre en la alberca y sacar de mi pecho todo el orgullo que me haces sentir cada vez que te veo haciendo algo que alimentará tu futuro. Gracias por los doce días de la madre que he disfrutado con tu presencia, por ser una de las tres personitas que le dan sentido a mi vida y por ser uno de los motores que hacen que me levante todos los días y busque lo mejor de mí para dárselos a ti y a tus hermanos.

Has madurado en muchos aspectos, y lo que antes te sorprendía, ahora ya no lo hace, pero sigues confiando en mí como el primer día que te acurrucaste en mi pecho cuando solo tenías unos minutos de vida.

Ya no te puedo cargar, pero mi mente se ha convertido en tu hogar y mi corazón es el espacio en donde descansas todos los días y todas las noches. Me queda menos de ti. Lo sé. Te me vas poco a poco, también eso lo sé. Un día la recámara en donde duermes todas las noches amanecerá vacía esperando a que retornes de tu escuela algún verano o llegues con los hijos y la familia que la vida y Dios te permitan tener. Mientras tanto, saboreo cada minuto a tu lado, te abrazo y te respiro muy profundamente para nunca olvidar tu inigualable aroma que desprendías desde bebé. Sí, sigo reconociendo tu olor, podría quedarme ciega y mi sentido del olfato te reconocería de inmediato. No existe mamá que pueda refutarme esto, cada hijo huele distinto (y delicioso, al menos para nosotras) y aunque la adolescencia ha confundido un poco ese aroma, algunas noches en las que te acuestas después de bañarte y me acurruco contigo puedo reconocerte.

Diego, no soy adivina, pero soy tu mamá —y eso es más poderoso— profetizo que tu futuro será brillante. Lo sé. Lograrás todo lo que te propones porque estás hecho de hábitos que me has permitido sembrar en ti. Estudiarás lo que más te llene el alma y serás inmensamente feliz ejerciendo la profesión que tu alegre corazón decida. No te mentiré y te diré que la vida será fácil, pero no me preocupa, estás acostumbrado a los retos y harás todo lo imposible por lograr lo que te dicte tu alma. Si decides ser maestro, serás el mejor y en tus aulas estudiarán los artistas y niños que en el futuro harán diferencia en este mundo. Si cambias de opinión y te dedicas a ser comediante —como lo has mencionado— lograrás que muchos corazones afligidos olviden por un momento su pesar y en tu presencia vuelvan a sonreír. Si decides ser actor de películas, director de cine, escritor o entrenador de natación serás el mejor, y lo serás no por tus dotes de responsabilidad y constancia (que los tienes) sino porque serás de las pocas personas genuinamente felices en este planeta. Y una persona feliz siempre dará lo mejor de sí mismo.

Te amo Diego y podría escribirlo de mil maneras, sin embargo, pido a Dios sabiduría ilimitada para poder demostrártelo con hechos y que en ninguno de tus días pasados ni venideros dudes un segundo de mi inmenso amor y admiración por ti...

Tú y tus hermanos estaban escritos en mi historia de vida y siempre serán uno de mis capítulos preferidos.

Tu mami

Carta a mis hijos atletas

Ahora es su tiempo, el mío ya fue.

Voy a cada competencia de natación e intento sentarme lo más cerquita que puedo de la alberca para que puedan escucharme en el momento en que suena el timbre para iniciar su hit. Muchas veces no lo logro, pero grito su nombre con cada pedazo de mi ser para que sientan mi apoyo, otras tantas veces quisiera aventarme a la alberca, cargarlos y llevarlos yo. Pero creo que entonces sí llegarían en último lugar. Así que me siento ahí entre todas las mamás que como yo observan a sus hijos forjar su propio camino. Ahora nos toca ser espectadoras nada más, pero eso sí, nunca dejamos de estar, siempre estar, entre tanta gente, ruido, incomodidad, cansancio, etc. Siempre estamos.

De repente dicen su nombre y me late fuerte el corazón, el estómago se me encoge y es una sensación que solo las mamás de hijos atletas podemos entender. Me sucede eso no porque espero que salgan a ganar el primer lugar, sino porque con su carita me buscan entre tanta gente hasta que por fin me ubican y sin una sola palabra, solamente con sus ojitos hermosos y su sonrisa de agradecimiento y felicidad, se ponen los goggles y se preparan para competir.

Es como si me dijeran "una más, mamá". Ahí, en ese momento se me olvida todo. Mi memoria borra por completo que los días o al menos la mitad de ellos les pertenecen. Sí, hay días que simplemente no quiero ir o no quiero manejar casi media hora de ida y otros cuarenta minutos (según el tráfico) de regreso a la casa. Se me olvida que hay veces durante el invierno que me ayudo con un café, chamarra, bufanda y todo lo que puedo ponerme encima para aguantar las dos horas que pasan en la alberca entrenando o que en el verano el calor es de verdad tan insoportable que hay días que no me aviento a nadar con ellos porque muy probablemente me sacarían de inmediato y en ropa sería... un poco incómodo. Otras tardes si me siento mal, estoy desvelada, no alcancé a comer, no terminé pendientes, no hice todo lo que una mamá regularmente tiene que hacer, no importa, voy porque es su tiempo y les toca ahora a ellos, el mío ya fue. Siempre tengo presente que si logré hacer algo o no con mi vida en mis años tiernos eso no tiene nada que ver con ellos. Ahora me corresponde apoyarlos para que hagan algo con la suya.

Así que son segundos los que nos miramos fijamente, desde muy lejos, no grito, ni les hecho porras, solo les sonrío y estoy segura de que entienden mi mensaje.

Si mis ojos hablaran escucharían que les digo, "tú puedes mi cielo, te amo, no importa en qué lugar llegues, igual aquí estoy. Siempre estaré". Son instantes, pero esos segundos me bastan para cargar pilas y seguir. Solo Dios sabe su destino y lo que llegarán a ser de grandes, ¡pero no quiero pensar que siendo yo su mamá no crea que pueden llegar lejos! Así que como dicen por ahí:

SOME PEOPLE HAVE TO WAIT THEIR ENTIRE LIVES TO MEET THEIR FAVORITE SWIMMER... I RAISED MINE.

A mi familia

A mi mamá que me acompañó y ayudó después del nacimiento de mi 3 de 3

Querida Mamá:

Pasé una noche terrible, nada raro para quien tiene un bebé de semanas de nacido. Así que había esperado con ansias que llegara la mañana para darte a Sebastián y poder dormir por lo menos unas cuantas horas. Te lo entregué como todos los días que estuviste en casa y regresé a mi cama. Te lo di con la misma tranquilidad con la que te entregaría mi vida. No hay otros brazos en los que pueda confiar más que en los tuyos.

Al acostarme mientras estiraba mi espalda, pensé: ¡qué bendición que mi mamá esté aquí, ayudándome! Bendije tu presencia. Bendije tus brazos que acurrucaron a Sebastián por horas y horas, permitiéndome descansar y reponer fuerzas. Bendije tus manos que prepararon deliciosa y nutritiva comida para alimentar a mis otros dos hijos con el mismo amor con el que yo lo hubiera hecho.

Le pedí a Dios que bendijera tu boca que besó miles y miles de veces a Diego y a Leonardo y pronunció palabras cargadas de amor hacia ellos. Bendije tu voz que los arrulló por las noches con cuentos interminables y dio consejos que solo una abuela con el corazón como el tuyo puede dar. Bendije también tu mirada que observó a mis hijos con esa ternura y entendimiento que solo entre nietos y abuelos puede existir. Incluí también en mi oración a tus oídos, porque siempre estuvieron atentos a las necesidades de mis hijos y mías, no importaba si fuese un pedido de comida especial de parte de alguno de ellos o un llanto que solo tus brazos podían calmar.

Esa mañana que pedí a Dios bendición para tu vida, no me faltó un pedacito de tu ser sin mencionar. Y es que todos y cada uno de tus sentidos fueron herramientas que el Señor utilizó para manifestarse a través de ti. Desde lo más hondo de mi corazón, te agradeceré siempre porque te hiciste cargo de lo más preciado que tengo en mi vida. Lo amaste como tuyo y les enseñaste a mis hijos el inmenso valor de la familia.

Los días en los que disfrutamos tu compañía son invaluables. Y en momentos como este cuando me siento vulnerable al cien, me resultaron muy difíciles los días posteriores a tu regreso a casa. Es imposible no sentir la soledad y pensar que soy incapaz de todo. Se que no moriré ni dejaré de respirar cuando ya no estés cerca de mí para ayudarme, pero tu presencia en días como estos es uno de los tesoros que más valoro.

Sé que después pasará el tiempo y me acostumbraré como lo he hecho por más de diez años, pero nunca dejaré de agradecerte y bendecirte, mamá...

LA ÚNICA COSA MEJOR QUE TENERTE COMO MADRE, ES QUE MIS HIJOS TE TENGAN COMO ABUELA...

Te amo, mamá.

Addy

A mi hermana en la distancia

Querida Hermana:

Siempre he añorado tu compañía. Cumplen años mis hijos. Cumplo años yo. Celebras un logro en tu vida. Me enfermé, te enfermaste, estás feliz, estoy feliz, uno de tus hijos se enfermó, uno de los míos está en el hospital, etc. Y no estoy a tu lado...

Muchas veces, desde que el destino, la vida o Dios decidió separarnos me pregunto ¿qué sería de nuestra vida si Dios nos hubiera permitido compartirla unidas? Me es inevitable imaginarte en cada viaje o tocando a mi puerta un día cualquiera solo por el gusto de vernos. Mi mente divaga y te imagino esperándome en algún lugar para tomar un café y platicar. Añoraría que tu alma no estuviera a miles y miles de kilómetros de mi corazón y que tu abrazo consolador no esté tan al sur de este planeta y yo no tan al norte que haga que sea casi imposible disfrutar de estos momentos más de una vez al año.

Todavía no logro endurecer mi corazón lo suficiente como para que no duela saberte lejos de mí. Todavía mi mente vuela hacia ti cada vez que estoy triste y cuando estoy feliz también. Todavía me pregunto todos los días: ¿qué estará haciendo mi hermana en este momento? ¿Qué estaríamos haciendo si la tuviera cerca? ¿Qué haríamos este fin de semana?, y así me hago mil preguntas e imagino planes que no tengo la certeza de que pasarán, pero por un momento calman esa ansiedad de no saber si falta un día, un mes o un año para volverte a ver.

Nacimos separadas, lo sé, existen cuatro largos años entre tu edad y la mía, pero de alguna manera mi memoria o mi historia de vida comienza contigo. Mi infancia, adolescencia y alguna parte de mi edad adulta están ligadas a ti. Es por eso por lo que me parece tan difícil no tenerte a mi lado en la mejor y más importante etapa de mi vida. Ser mamá es lo mejor que me pudo pasar, pero no contar con tu corazón a mi lado hace que sea una etapa incompleta.

Aún y con todo lo que conlleva vivir una vida lejos de los tuyos, agradezco a Dios esos días en los que viajo para estar a tu lado y puedo sentirte cerca. Esos días en los que te escucho respirar mientras me abrazas y más de una vez nuestras manos se juntan para acompañarnos. Esos días que pasan tan rápido, pero llegan tan lentamente y se convierten en gotas de miel que saben a gloria cuando ya no estamos juntas. Si por algún motivo mi día estuvo un poco "amargo" recordar esos instantes a tu lado me ayudan a sobrellevar la distancia que pesa tanto cuando por decisiones de Dios y la vida te toca vivir lejos de los tuyos. Te extraño, siempre te extraño.

Tu hermana que te quiere más de lo que las palabras pueden expresar...

Addy

Cuando el tiempo y los años tienen caducidad

A mi padre cuando cumplió ochenta y dos años.

Querido Papá:

Tus abrazos siempre tan fuertes y seguros, tu voz que alguna vez fue hermosa e imponente se va apagando poco a poco. Los años llegaron de repente, o al menos así los sentí yo. Fueron como un huracán que arrasó con tu personalidad que infundía tanta seguridad. Ahora caminas despacio, tu espalda se encorva como quejándose del peso de los años. Con tantos días y momentos vividos es inevitable que tus hombros antes erguidos y fortalecidos sean ahora solo el frágil soporte de tu lento caminar.

Tengo muchos recuerdos de ti papá. Me gustaría congelar en mi mente cuando por las mañanas hacías lagartijas en tu cuarto y yo pretendía que eras mi caballo y me subía a tu espalda para disfrutar del va y ven de tu rutina. Recuerdo también que por las noches mientras veías tus noticias acostumbrabas a cepillar mi cabello recién bañada y me lo dejabas "lisito, lisito" de tantas veces que lo hacías, (a veces, siento que te relajaba porque bien podrías haber pasado más de una hora cepillándome), recuerdo tus años fuertes, esos años en los que te tocó construir castillos y mi sustento, el sustento de mis hermanos y el de mi mamá dependían de tu trabajo y esfuerzo.

Dios decidió usarte como su instrumento para ser pilar en mi infancia y apoyo en los años que dormimos y despertamos bajo el mismo techo. Hasta que llegó el día en que me fui, decidí formar mi propia vida y aunque me tocó irme lejos de tu lado, tenía la bendición de poder visitarte y verte seguido, pero algo pasó, algo cambió. Los años te llegaron de repente, el tiempo se te juntó, los días se acumularon tanto que parece que ya no caben más en tu mente. Tus pláticas tienen poco sentido y tus recuerdos se mezclan tanto que te es difícil acomodarlos. Un día despertaste más distraído, más cansado, más serio, cuando volví a verte tu mirada era distinta, decía tanto y tan poco que lo único que pude hacer fue abrazarte, traté de hacerlo tan fuerte para hacerte recordar esos años en los que tu abrazo era la expresión de protección que no conocí en nadie más, no te quise soltar, intenté acurrucarme cerca de tu pecho para escuchar tu corazón latiendo pero ahora tuve que agachar un poco mi cabeza porque tu espalda no es la de antes, porque tu altura ha disminuido, porque tu fuerza cambió, pero de la misma forma en la que tu pecho estuvo tantas veces cerca del mío, procuré que estuviera igual...

Ochenta y dos años pesan, y así debería de ser, la experiencia y la sabiduría son tangibles, tan reales como ver a un padre en sus últimos años de vida.

No sé (ni quiero saber) cuántos años más te quedan en este planeta, en esta época, en esta vida, pero sé que son menos, sé que van desgastándose como cuando el río se lleva las hojas que dejó el otoño. Tu camino ya se recorrió, lo que hiciste estuvo PERFECTO. No te faltó hacer nada, todo lo lograste en el momento adecuado, todo lo que viviste fue enseñanza para mí y tus errores y fracasos me enseñaron también. Tu pasado moldeó y sigue moldeando mi futuro, veo a mis hijos a los ojos y te puedo ver, llegas al final de tu vida, pero trasciendes en mí y trascenderás en ellos también...

Imagino tu vida como una vela prendida que lucha por seguir encendida, yo quisiera que "el combustible" que hace que la llama no se apague, nunca se acabara, que tu luz siguiera brillando eternamente y tu vida y ejemplo siguieran estando presentes en mi vida y en la de mis hijos. Pero sé que la vida tiene caducidad y el tiempo no perdona, ruego a Dios que tus últimos años en esta aventura que llamamos vida sean felices y que tengas la completa seguridad de que estoy agradecida por cada instante vivido, por cada viaje hecho, cada noche en vela pensando en mí, por mi infancia y juventud, por tu aporte invaluable a mi autoestima y por haber hecho de mí lo que ahora soy...

Te amo papito y deseo larga vida y salud para tu corazón siempre. Tu hija que te extraña hasta en los días buenos.

Addy

A mi compañero de equipo

Especialmente para ti:

Me senté a comer. Me moría de hambre, mi plato estaba calientito en una mesa y tenía un vaso de agua purificada. Estaba sentada en una silla con mis tres hijos a mi alrededor sanos y listos para comer un alimento limpio, saludable y en buen estado. Dimos gracias a Dios, pero en mi corazón te agradecí a ti también, a ti que todos los días trabajas sin quejarte, sin reclamos ni reproches, enfermo o sano, cansado o desvelado, así como sea te levantas y vas con la única y firme convicción de ganar lo necesario para que no nos falte nada.

Pude viajar y visitar a mis papás en las vacaciones y disfruté cada minuto a su lado y otra vez mi corazón estuvo lleno de agradecimiento por ti. Por hacer todo lo necesario para que tus hijos y yo podamos pasar un tiempo con los nuestros.

Llegó el invierno y les compré ropa nueva y calientita, toda a su gusto y medida y ahí en mi pensamiento estabas tú. Tú y tu invaluable esfuerzo y amor por nosotros. Tus días de juntas interminables, tus viajes relámpagos que muchas veces te separan de cumpleaños o fechas importantes. Tus comidas desabridas en un restaurante sin nuestra compañía o con gente que no amas. Tus ausencias por las noches en nuestro hogar y tu soledad en alguna habitación de hotel extrañando que pudieras acurrucarte con los niños, y ellos felices y durmiéndose en segundos por el simple hecho de saberte cerca. Todo eso y más lo pensé mientras elegíamos la ropa.

Salieron tus hijos muy felices de la tienda, pero la más feliz fui yo de saber que Dios te bendice con un trabajo y, sobre todo, que tú lo haces desde que inicia el día hasta que termina pensando en nosotros.

Como estos ejemplos hay muchos, muchísimos más en los que te agradece mi corazón desde lo más profundo. Siempre en cada comodidad, zapato comprado para los niños (o para mí), en cada fiesta de cumpleaños festejada, en el súper mientras pago, en mi cama cómoda por las noches y en casa con un techo que me cubre del frío estás tú en mi mente. Porque, aunque todo lo que menciono es gracias a Dios, eres tú el instrumento que El Señor eligió para demostrarnos su inmenso amor. Son tus manos las que nos abrazan y nos hacen sentir seguros a tus hijos y a mí. Es tu trabajo y son tus madrugadas, tus problemas sin mencionar, el estrés que escondes cuando llegas a casa, los desvelos pensando en cómo "estirar" tu sueldo y el futuro que no existe todavía pero que en tu mente probablemente ya está resuelto.

Por todo lo anterior y más, mi alma y corazón te agradecen. Principalmente por coincidir conmigo en las buenas y en las malas y tener la firme convicción de que somos equipo y mientras tú provees de lo necesario, yo cuido lo que nadie más podría cuidar mejor: nuestra imperfecta pero hermosa familia.

Te amo.
Adriana

Y mi alma me dictó

A Dios

Enséñame, Señor.

Aquí estoy querido Dios, con todos mis errores y con todas mis fallas, con mi costal de prejuicios y traumas. Así, con todo este paquete de cosas que no me gustan pero que pesan, con todo esto y más, intento cada día de mi vida educar, instruir y amar a mis hijos. No es fácil Dios, si tomas en cuenta que estoy muy lejos de ser la madre que tal vez ellos se merecen.

Yo sé, Señor, que mis equivocaciones los pueden marcar para el resto de sus vidas. Porque no existen sentimientos de repuesto como en una fábrica de automóviles. No existen repuestos de partes del alma que yo sin intención lastimo, no hay corazones artificiales que se puedan sustituir y mucho menos hay manera de borrar gritos o palabras hirientes que de mi boca han salido y lastimado enormemente el pequeño corazón de mis hijos. Pero así, llena de errores, llena de defectos, llena de cosas que no me gustan (pero transmito a mis hijos), ahí, en el fondo de mi corazón habitas Tú. Por eso deseo que todos los días te les manifiestes a través de mí y sea yo el canal entre Tú y ellos. Que en su vida estés siempre presente utilizando mi presencia física y bendiciéndolos abundantemente.

Enséñame, Señor, a dejarte actuar, a aprender a hacerme a un lado para que seas Tú el guía de mis hijos, que seas Tú su confort, su paz, su regazo siempre listo para acurrucarlos. Úsame como tus brazos para que yo jamás los utilice para lastimarlos. Que sean tus ojos los que los vean cada mañana y sin palabras les digan lo orgullosa que me siento de ellos.

Que sean tus oídos los que los escuchen. Esos que no juzgan, que no tienen prejuicios, que no ignoran, que saben que todo puede esperar más, sin embargo, un llamado, una plática, una pregunta de ellos podría no regresar y en cambio hacer poco a poco de ellos, niños con hambre de atención, con ganas de ser escuchados, con malas actitudes que lo único que expresan es más amor y atención de mi parte.

Te pido Señor que me des la certeza de saberte dueño de mis decisiones, que con la misma seguridad con la que los abrazo y beso, pueda llamarles la atención y guiarlos al camino correcto cuando se hayan desviado, sin el miedo de haberme equivocado.

Querido Dios, déjame saber todos los días de mi vida, en cada momento, que mi verdadera profesión es ser modeladora de vidas y constructora de futuros según tu plan. Y que no existe mejor y más importante trabajo que éste. Enséñame a sentirme siempre orgullosa de mis logros. Esos de los cuales solo las paredes son testigos y que generalmente la gente no reconoce porque no tienen como resultado un valor monetario. Pero yo sé que son inversión sin valor estimable.

Y aunque tarde mucho en ver mi recompensa Señor, estoy segura de que, si te dejo actuar y descanso en ti, mis hijos, —esos que me prestaste un día—, crecerán y devolverán con creces a este hermoso mundo todo lo que tú hiciste con ellos a través de mí.

Amén.

Adriana

Si Leonardo me escribiera una carta tal vez diría algo así

Querida mamá:

Tengo siete años. No ocho ni nueve. Tampoco tengo casi ocho, TENGO SIETE AÑOS. Maduro a mi tiempo y forma y soy único. No hay otro yo igual a mí. Ni mis hermanos que nacieron de tu misma panza y comen lo mismo que yo son iguales a mí. Yo no tengo que hacer lo que mi hermano mayor hacía cuando tenía mi edad, porque soy único y especial.

En esta etapa de mi vida necesito mucha atención, ¿por qué? Porque, a veces, ni yo mismo puedo definir si quiero seguir siendo un niño pequeño o ya quiero ser grande. Sobre todo, cuando veo que mi hermano menor recibe mucha atención. Ya sé que siempre me dices que conmigo hacías lo mismo. Pero la verdad es que, aunque trato con todas mis fuerzas de recordarlo no lo logro, de todas maneras, te creo.

¡Aprovecha eso! Porque en unos años tal vez empezaré a dudar de la veracidad de lo que me dices.

Creo en el ratón de los dientes. En santa. En el conejo de pascua. Es más, todavía creo que la leche que le das a Sebastián de tus bubis tiene sabor a vainilla y chocolate como siempre me lo dices. Algunas veces se me antojaría estar acurrucado tomando leche como Sebastián. ¡No porque sea pequeño! ¡Claro que no! Es solo que extraño estar tan pegadito a ti como cuando era bebé.

Querida mamá déjame decirte algo, resulta que sí me doy cuenta cuando finges escucharme. Solo que no le doy mucha importancia porque el rencor todavía no es parte de mi vida. Me conformo con que me digas: ¡Wow! ¿De verdad, mi cielo? ¡¿Qué interesante! ¡Eso sí que me impresiona! Aunque no hayas escuchado ni la mitad de lo que dije...

Soy muy demandante lo sé, ¡pero no puedo evitarlo! Necesito constantemente tu aprobación en mi vida. Debe de ser porque aún eres la que está a cargo de mi futuro y si dices que está bien yo estoy tranquilo. Soy muy imaginativo y amo crearme historias en mi mente que muchas veces termino creyéndolas, por ejemplo: ¿qué pasaría si los dinosaurios volvieran a habitar la tierra?

He empezado a perder algunos dientes y me emociona mucho que tú también te emociones. La verdad no entiendo porqué, pero siempre que te digo: tengo un diente flojo, mamá, tú reaccionas como si te hubiera dicho que gané un maratón. Mi hermoso físico no es el mismo que cuando era bebé. Ahora sin dientes, con la cabeza más grande que mi cuerpo y siempre chorreado de algo ya no soy tan adorable como antes, lo sé, pero no te preocupes. Recuperaré mi guapura pronto.

Tengo que decirte también, que, aunque no lo sepas, mi hermano mayor es una influencia tremenda para mí. Es un gran ejemplo y yo creo que si te esfuerzas en educarlo correctamente te quitarás muchos dolores de cabeza conmigo porque yo siempre lo quiero imitar.

Ya sé leer y amo los libros, me gusta vestirme solo, aunque, a veces, traiga la etiqueta de la playera en la garganta. Gracias por no decirme nada cuando eso pasa. Me da seguridad saber que me dejas hacerlo por mí mismo, aunque me equivoque.

Soy obstinado y todavía lloro cuando no recibo lo que quiero. No porque sufra en realidad si no porque es una estrategia que me servía cuando era más pequeño e intento que me siga funcionando. Aunque me estoy dando cuenta de que ya no ejerce el mismo efecto que antes.

Por favor no me regañes tanto. Sé que te gustaría que todo lo hiciera en tiempo y forma, pero para mí jugar es más importante que todo. Es la manera en la que aprendo y entiendo el mundo.

Supongo que como tienes un hijo más grande pretendes que sea como él. Pero soy más pequeño, mamá. No lo olvides.

A mí se me va a derramar la leche. Tender mi cama me llevará más tiempo y me será más complicado. Ensuciaré el escusado con más frecuencia porque todavía no puedo controlar mis reflejos completamente. Mi vida es una confusión a esta edad. Lo acepto. Algunas veces me encantaría que me cargaras como a un bebé y al mismo tiempo quiero que me dejes jugar video juegos para niños más grandes. Odio las verduras y amo los dulces, sé que me has dicho mil veces que seré como un superhéroe si me como las zanahorias, pero la verdad es que no me interesa ser un superhéroe. Prefiero no tener que comerme esas calabazas y seguir siendo un "simple mortal".

Mamá, tengo siete años. Me estoy acercando a la frontera de la infancia. Aprovéchame mucho. Bésame mucho. Abrázame mucho y enséñame mucho, porque mi capacidad de retención es espectacular en esta edad y aunado a mi confianza en ti, si me dices que la luna es de queso... Te lo voy a creer.

Leonardo (uno de tus tres)

En Navidad

Querido Santa:

Yo sé que no es común que recibas cartas de adultos, pero lo intentaré de todas formas. Para empezar, quiero que sepas que este año me he portado bien, (no tuve tiempo de portarme mal). Me he hecho cargo de mis hijos. Los he alimentado lo mejor que he podido y gracias a eso han crecido unos centímetros este año, además de dejar mi comida hasta el final, he dejado de lado mis necesidades para atender las de ellos.

Como ya debes saber soy mamá de tres, dos ya en acción y uno en "standby", razón por la que mi tiempo simplemente ya no es mío. Así que ahí te va mi lista:

Me gustaría un ratito en el baño sin interrupciones, ya sé que crees que si cierro la puerta será suficiente. ¡Pues no! Creo que las puertas en mi hogar son invisibles, así que me ayudaría mucho una puerta reforzada a prueba de ruido y ¡sin chapa por fuera!

Un plato de comida recién servido, verás, a veces, se me atora un poco el aceite del caldo de res que se enfrió y que me serví cuando mis hijos se sentaron a comer. Ilusamente creí que comería con ellos, pero tienes que saber que es imposible hacerlo. Así que algún aditamento que logre mantener mi comida caliente por más tiempo, sin tener que meterla al micro más de tres veces por comida, estaría perfecto.

Una grabadora con mi voz por supuesto, en donde pueda reproducir N cantidad de veces las frases que a continuación te paso:

—Lávense las manos antes de comer.

—Siéntate derechito en la silla porque te puedes caer.

—Enjuaga tu cepillo de dientes bien después de lavarte los dientes.

—Levanten sus toallas del suelo.

—Pongan su ropa sucia en el cesto.

—Cuelga tu mochila en su lugar.

—Denle gracias a Dios antes de comer.

—Recojan sus juguetes cuando terminen de jugar.

—Levanten sus platos de la mesa.

—Cómete todas las verduras.

—Hagan su tarea.

—Etc.

Nota: Tal vez haga falta cambiar mi timbre de voz porque juraría que hay momentos en los que ésta parece no ser escuchada. Ni siquiera mi perro me obedece algunas veces. Así que toma en cuenta eso, por favor.

Una buena ración de paciencia, no sé si la puedas conseguir por kilos. Si es así, te encargo unas dos toneladas. Sabes que con la que *nací ya está en números rojos y me temo que lo que me queda no me va a alcanzar para muchos años más.*

Unos brazos y piernas más fuertes y largos, no importa si me veo medio deforme. Me servirían mucho para poder seguir cargándolos y olvidar por un momento el hecho de que crecerán sin remedio y dejarán de ser mis bebés en el momento menos pensado. Y en el modo práctico también me servirán para alcanzar todos los juguetes, ropa y zapatos del suelo sin tener que agacharme cinco mil ochocientas veintidós veces por día. Las piernas sí serían un lujo (para qué negarlo), pero igual las necesito fuertes para poder correr tras ellos cuando estén en peligro. La verdad es que, a veces, siento que mis piernas no me responden mucho, particularmente, después de las seis de la tarde.

Sería increíble que lograras que mis hijos se comieran todas las verduras que cocino o si te es más fácil (ya que sabemos que puedes hacer "magia") entonces me serviría mucho que los nutrientes de éstas los transportaras a sándwiches, quesadillas y burritos de frijoles. Me ayudaría a tener mi conciencia en paz y mi hogar sería más armonioso.

Deseo un equipo de sonido que solo toque música para adultos. Una televisión que no contenga ningún programa en donde los animales sean parlantes y una alarma que me avise de alguna pieza de lego en el suelo.

Por último, me encantaría tener dos muñecos que me dijeran "sí mami, lo que tú digas" la verdad me ayudaría mucho en mi autoestima.

Como puedes ver no pido mucho y tampoco espero recibirlo. Estoy de acuerdo que las listas de los niños son prioridad así que sin problema te intercambio mis solicitudes a cambio de saber y ver a mis hijos sanos y felices. La verdad lo demás es pura vanidad.

Sinceramente...

Una mamá de tres

Cuando mi papá partió. Los días después...

El aire estaba denso, con mucho esfuerzo podía respirar y mis ojos veían, pero no observaban. Mis pies daban pasos por inercia y agradecí a Dios el no tener que pensar para caminar. Estar de pie frente al cuerpo de mi padre fue el momento que partió mi vida en dos. Siempre habrá un antes y un después, su partida se convirtió en parteaguas en mi vida. Mis hermanos, mi madre y yo nos acurrucamos a su alrededor y nos abrazamos fuerte, como intentando pegar las piezas rotas de nuestros corazones. Pero fue en vano. Eran tantos pedazos que hubiera sido imposible lograrlo.

Mi papá estaba en paz, se fue en paz, vivió en paz y murió en paz. El momento de su muerte fue un momento triste y desgarrador, sin embargo, el semblante en su rostro era reflejo de una misión cumplida. Siempre le temí a ese momento, aún a mis treinta y nueve años temía perderlo y es que los padres debían de ser eternos, nunca llega el día en que los dejas de necesitar. Jamás llega el momento en que sus consejos y enseñanzas son caducas, al contrario, con el paso del tiempo todo lo que aportan se convierte en un valioso tesoro.

Por la noche, en su habitación vacía y con el aire denso e imposible de absorber por mis pulmones, entré en su clóset, tomé una de sus camisas entre mis manos y la acerqué a mi cara para poder sentirlo cerca. Su aroma me dio un respiro. Por unos segundos mis pulmones recibieron aire y aunque era solamente su olor, logré engañar un poco a mi corazón para que, por unos instantes, pensara que no era simplemente un pedazo de tela, sino mi papá abrazándome como tantas veces lo hizo.

Duele mi dolor, pero también duele el dolor de mi mamá, duele el abrazo de mis seres queridos que con bella intención me acurrucaban en sus brazos tratando de calmar mi sufrimiento. Fueron y siguen siendo tantas lágrimas que nunca imaginé que podría derramar.

Duele saber que no te volveré a ver, pero también duele ver el sillón en donde solías sentarte a leer, la cama en la que dormías, tu taza preferida para tomar café, tus montones y montones de libros que se archivaron en tu mente y que casi a cualquier persona le hubiera sido imposible leer.

Hoy empieza lo que ya terminó, hoy comienza el futuro sin ti. Sé que la vida tendrá que seguir, pero no puedo dejar de añorar tu presencia junto a mí, junto a mis hijos. Tanta sabiduría acumulada debió de haber sido conocida por mis hijos, tantos consejos debieron de haber sido escuchados también por ellos.

Estoy segura de que en el aire había oxígeno, pero por instantes lo puse en duda; la persona que diga que el corazón no duele, será que todavía no ha perdido a un padre. Soy testigo de que, en el duelo por un ser querido, el pecho arde y el corazón bombea sangre con esfuerzo.

Pareciera que el tiempo se detiene, que la vida no continúa, que el sol nunca aparecerá y que yo jamás podré volver a tener paz, sin embargo, sé que esto también pasará y aunque el dolor nunca se vaya mi corazón finalmente aprenderá a vivir sin él...

Papito, te extraño... Qué afortunado es el cielo de tenerte.
Tu hija,
Addy

Especialmente para ti

Si llegaste hasta aquí es porque te identificaste conmigo. Si encontraste, aunque sea una sola cosa en la que te sentiste reflejada y acompañada, entonces estoy agradecida con la vida, con Dios y especialmente con la infancia de mis hijos que fue la que aportó la "materia prima" para poder plasmar todo lo que este libro contiene.

Mientras te comparto lo último de mi historia, imagino que este libro descansará en tus manos a ratos, y que el remolino de emociones con el que una mamá vive constantemente logrará calmarse por unos minutos, demostrándote que en la misma etapa en la que te encuentras, existen miles de mujeres en todo el mundo experimentando lo mismo. Y sea cual sea el sentimiento, tienes que saber que no debes de negarlo, ni mucho menos sentirte culpable por permitirle entrar en tu corazón.

El remordimiento, la ansiedad, la culpa y la depresión también forman parte de esta etapa, y lejos de ser algo negativo son, en el fondo, oportunidades para crecer y mejorar día a día, poco a poco. Ninguna catedral se construyó de la noche a la mañana. Aunque el mundo, la sociedad, nuestra familia, incluso tú misma te hayas "machacado" la idea de que tenemos que ser felices a toda costa y en todo momento, en realidad todo eso que consideramos "malo" es "la cuerda" que nos jala para volver a tener "puntería" y enfocarnos en lo que realmente importa.

Las que trabajan fuera del hogar viven pensando que deberían de estar con sus hijos. Las que trabajan en su hogar piensan lo contrario. Y así podría seguir, enumerando todos y cada uno de los momentos en los que nos inventamos una versión de nosotras mismas que es imposible de construir. Y no nos damos cuenta de que antes de ser mamás, esposas y amigas somos mujeres, que al final de nuestros días probablemente ya no le daremos importancia a las cosas que ahora nos quitan el sueño. Y no hablo de lo que envuelve a la vida de nuestros hijos. Sino de lo trivial, de lo superficial, del qué dirán, de aquellas amistades que al final resultaron ser solo compañías, de nuestra imperiosa necesidad de ser parte de algún grupo en donde simplemente no encajábamos, del cuerpo esbelto y tonificado después de albergar una vida por nueve meses, de una casa en perfecto orden en donde parecería que viven moscas y no humanos construyendo recuerdos mientras desordenan.

Cuando todo lo que menciono pase a segundo plano, y veamos que nuestro momento de partir llegará más pronto, no pasará por nuestra mente si nuestros hijos lograron o no, obtener las más altas calificaciones en su edad escolar. Estoy segura de que cuando los veamos adultos lo único que nos importará será su inteligencia emocional. Aquella que les permita desarrollarse en este mundo tan confuso pero hermoso a la vez. Tampoco ocupará un centímetro de tu mente si lograste o no ser aceptada en aquel grupo de mamás que parecían "perfectas". El cuerpo del que te quejaste muchas veces se convertirá en el mayor tesoro que te dará la posibilidad de poder cargar y abrazar a tus nietos (si es que el destino lo permite y tus hijos deciden tener descendencia).

Si nuestros hijos logran un futuro feliz según sus ideales (y no los nuestros), será en ese momento en que podremos sentirnos finalmente perfectas. Pero, ¿por qué no antes? ¿Por qué esperar hasta el final? No importa si tienes treinta, cuarenta o cincuenta años, todavía hay espacio para ti en TU vida. Todavía queda tiempo en donde tú puedes ser prioridad. Aun tu mente quiere aprender algo nuevo y te aseguro que un tiempo para ti, logrará que tu alma descanse del ajetreo con el que vive una mamá.

¡No te dejes para después! Tus hijos son lo urgente, pero tú eres importante también. La balanza tiene que estar nivelada y nadie da algo de lo que carece. Tu estabilidad emocional depende de ti y de nadie más. Puede que tu pelo, la casa, tu carro, tu trabajo, tus cajones y hasta tu vida estén desordenados, pero no permitas que el desorden entre en tu interior. Déjate bien en claro que para poder obtener la mejor versión de ti, necesitas valor para recordar que antes de las estrías, los kilos de más, las ojeras, los besos pegajosos, los abrazos apretados, los pañales olorosos, los mocos, las fiebres, los dolores de oído, las fiestas de cumpleaños, las noches sin dormir amamantando, las visitas al pediatra, los dientes bajo la almohada y todo lo bueno y maravilloso que refleja la maternidad, se esconde una mujer plena y llena de ideales que cuenta con el potencial necesario para lograr lo que se proponga. Lo único que hace falta es solo eso. Proponérselo.

Vale la pena preguntarse cuáles son los motivos personales en el modo particular de educar, es decir, ¿estoy educando para complacer mis propios sueños o expectativas? ¿Educo de tal o cual manera pensando en complacer a otros? O tengo la consciencia de estar educando a personas para que piensen por sí mismos, para que sean dueños de sus decisiones, consecuencias y logros. Entre cada uno de los tipos de educación existe un abismo tanto para la filosofía fundamental como para las acciones de la vida cotidiana.

Educar para que los demás disfruten de la compañía de tus hijos es educar para los demás. Sería mejor educar para que tus hijos se sientan tan felices con ellos mismos, que no puedan dar otra cosa al mundo que un corazón contento y realizado. Si tienes la suerte de poder darle educación a tu hijo, un segundo o tercer idioma, clases de deportes, aparatos electrónicos, vacaciones y todo lo que, a veces, pensamos es indispensable en la vida de un niño, procura también no olvidarte de su interior, de ese que no vemos, que no hay deporte que lo desarrolle, pero que será la base en la que se construirá su Yo del futuro. Que no se te pase enseñarle empatía, respeto, autocontrol, paciencia, perseverancia y todo lo que le ayudará a construir su autoestima sobre bases sólidas, ¿y lo demás? No te preocupes, lo otro vendrá, sin duda. Las buenas calificaciones, los trofeos de su deporte favorito, los amigos, la facilidad para aprender otro idioma. Llegarán después de que plantes las semillas de los valores que tú, como mamá, consideras los indicados.

Llegará el día en que sus alas por fin se desplieguen y tu hijo salte a lo que para ti será un vacío lleno de peligro, pero que en realidad será el entorno para lo que lo preparaste toda su vida. Estoy segura de que si te esforzaste e hiciste lo mejor que pudiste con lo que Dios te dio, no tendrás de qué preocuparte. Ahí abajo desde aquel nido que compartieron tantos años acurrucados tú y él, lo verás, por primera vez, desde lejos, tal vez solo e indefenso, pero en su interior estarán ya listas y germinadas las semillas que plantaste y cuidaste cada uno de los días que vivió bajo tus alas.

Aunque efectivamente no estarás presente físicamente en cada paso que decida caminar hacia su propio destino y propósito final, eso no importará, porque de la misma manera en que su pequeño corazón latió dentro de ti por nueve meses ahora te tocará a ti acompañarlo e instalarte en su alma por el resto de su vida para finalmente poder decirte a ti misma: Misión Cumplida.

Con mucho cariño…

Adriana

www.ingramcontent.com/pod-product-compliance
Lightning Source LLC
Chambersburg PA
CBHW021357150726
47989CB00005B/2284